BIOGRAPHIE

DU GÉNÉRAL

C. A. VAN REMOORTERE

ÉTUDE SUR LA CAVALERIE

PAR

Auguste Daufresne de la Chevalerie

MAJOR EN RETRAITE

CHEVALIER DES ORDRES DE LÉOPOLD ET DE SAINT GRÉGOIRE-LE-GRAND

DÉCORÉ DE LA CROIX COMMÉMORATIVE

> J'ai été fier et heureux, je l'avoue, de trouver la distinction
> de l'exemple dans les souvenirs de mon respect filial et de jeter
> quelques fleurs, obscures, sans doute, et flétries sur le plus simple
> et le plus précieux des tombeaux ingratement oubliés de la patrie.
>
> DE BRACK,
> (Avant-postes de cavalerie légère.)

GAND

IMPRIMERIE ET LITHOGRAPHIE C. ANNOOT-BRAECKMAN

1875

à Monsieur Coomans,
Représentant,
Hommage respectueux de l'auteur,
Augte Daufresne de la Chevalerie
Audenarde, Mai 1875.

BIOGRAPHIE

DU GÉNÉRAL

C. A. VAN REMOORTERE

ÉTUDE SUR LA CAVALERIE

BIOGRAPHIE

DU GÉNÉRAL

C. A. VAN REMOORTERE

ÉTUDE SUR LA CAVALERIE

PAR

Auguste Daufresne de la Chevalerie

MAJOR EN RETRAITE

CHEVALIER DES ORDRES DE LÉOPOLD ET DE SAINT GRÉGOIRE-LE-GRAND

DÉCORÉ DE LA CROIX COMMÉMORATIVE

> J'ai été fier et heureux, je l'avoue, de trouver la distinction
> de l'exemple dans les souvenirs de mon respect filial et de jeter
> quelques fleurs, obscures, sans doute, et flétries sur le plus simple
> et le plus précieux des tombeaux ingratement oubliés de la patrie.
>
> DE BRACK,
> (Avant-postes de cavalerie légère.)

GAND

IMPRIMERIE ET LITHOGRAPHIE C. ANNOOT-BRAECKMAN

—

1875

PRÉLIMINAIRES.

I.

Pour avoir une excellente armée, il faut avant tout qu'elle ait un esprit militaire ; si cet esprit est affaibli dans une nation, il faut qu'il se retrouve et se conserve dans son armée ; ce doit être un des soins les plus importants d'un Gouvernement ; c'est le feu sacré qu'il doit entretenir, car ce feu une fois éteint, c'en est fait de Rome et de ses destinées.   Marquis de Guibert.

Semblables à ces hauts rochers de nos Ardennes, qui, en temps de brouillards, paraissent à mesure qu'on s'en éloigne, acquérir des proportions de plus en plus grandioses, les guerriers illustres de l'ère Napoléonienne, tels que Masséna, Davoust, Murat, Ney, Bessière, Lannes, Oudinot, Macdonald, Lasalle, et tant d'autres encore, se dressent dans le souvenir de tous ceux qui ont consacré leur vie à la noble profession des armes.

Entre ces brillantes sommités militaires et les glorieuses phalanges qui constituaient la masse des armées du plus grand capitaine des temps anciens et modernes, se faisaient remarquer plusieurs officiers d'avenir qui unissaient à la bravoure, à l'expérience, à la vigueur juvénile, un mérite incontestable. C'est à cette classe distinguée qu'appartenait le général Van Remoortere.

L'histoire n'a point enregistré son nom parce que trop jeune encore à la chute de Napoléon Ier il n'avait eu l'occasion que de briller dans les grades subalternes. Le temps lui a manqué pour prouver qu'il y avait peut-être en lui l'étoffe de notre compatriote, l'intrépide Boussard [1] ; il n'a pas fait école, mais à coup sûr il mérite l'attention de tous ceux qui s'intéressent encore

---

[1] « L'armée de Suchet possédait quatre régiments de cavalerie sous les ordres d'André Boussard, de Binche. C'étaient le 4e hussards, le 24e dragons, les dragons de Napoléon et le 13e cuirassiers. Le général espagnol O. Donnell, avait reçu de Lérida un renfort de troupes d'élite, réputées les meilleures de la Péninsule, et qui avaient pris une grande part aux succès remportés par Reding et Obisbal. Il résolut de marcher sur les français avec son corps de 10,000 hommes, de toutes armes. Boussard fut chargé de retarder le mouvement, pour permettre à l'armée de prendre ses dispositions de combat. L'enfant du Hainaut prend avec lui le 13e cuirassiers, commandés par Dégremont, quelques escadrons de hussards et une batterie à cheval. Après quelques décharges de ses pièces, il marche droit aux ennemis, qui avaient pris position pour l'attendre. L'infanterie s'était formée en plusieurs carrés et la cavalerie s'était déployée à côté d'elle. Boussard pousse d'abord aux escadrons qui font la faute d'attendre le choc, et il les renverse. Il en confie la poursuite aux hussards, et, se retournant contre l'infanterie, il la traverse, la sabre et lui fait mettre bas les armes. 6,000 prisonniers furent les trophées d'une lutte qui avait à peine duré un quart d'heure et qui coûta à peine quelques hommes aux français. Du reste, les cuirassiers de Boussard étaient coutumiers du fait. Voici un passage de Suchet, relatif à la bataille de Sagonte qui mérite d'être conservé, et qui prouve ce que 400 cuirassiers, conduits par un héros, peuvent exécuter sur un champ de bataille. L'armée du duc d'Albufera était compromise ; la cavalerie espagnole profitant de cette situation mauvaise, venait de diriger contre elle une attaque qu'elle espérait rendre décisive Voici comment le maréchal raconte la fin de cette journée de Sagonte : Le chef d'escadron Duchand, commandant l'artillerie de la division Harispe, alla au-devant des masses de la cavalerie espagnole et les arrêta un moment par un feu de mitraille. Nos hussards en voulant les soutenir sont chargés et ramenés. La batterie fut sabrée, quelques pièces tombèrent au pouvoir de l'ennemi. Le maréchal courut aux cuirassiers ; il savait tout ce qu'il pouvait attendre d'une pareille réserve. Il leur adressa quelques paroles d'estime et de confiance en leur rappelant Margalef et les autres lieux où leur choc avait décidé de la victoire, et, sans le moindre retard, il fit porter le général Boussard sur la cavalerie espagnole. Déjà le général Palumbini en s'avançant par la droite de la grande route se trouvait placé, pour prendre à revers, par ses feux, cette cavalerie qui se croyait victorieuse. Les cuirassiers la chargent et la renversent sur l'infanterie. Non seulement notre artillerie fut reprise, mais une partie de celle de l'ennemi tomba en notre pouvoir. Le centre de Blake fut totalement enfoncé. »

De la Cavalerie. — Général RENARD.

au passé et à l'avenir de la cavalerie. A ce point de vue les principes, les enseignements et surtout l'exemple de Van Remoortere ont une importance dont nous allons essayer de démontrer la valeur.

Honneur et respect à nos anciens !

Ils nous enflamment de l'ardent désir de marcher sur leurs traces et de les imiter dans leur amour profond pour la patrie, dans leur vaillance sur le champ de bataille, dans leur fidélité à la foi et aux traditions des aînés, dans les efforts constants, qu'ils n'ont cessé de faire pour le bonheur et l'avenir des générations nouvelles.

II.

Plusieurs motifs nous ont engagés à entreprendre la biographie du général Van Remoortere : la reconnaissance envers notre ancien chef, l'espoir d'être encore utile à une arme dans laquelle nous avons passé notre existence militaire et que nous avons toujours passionnément aimée ; puis enfin le désir de consacrer quelques pages à notre ancien régiment.

Mieux que personne nous savons que l'histoire de ce beau régiment est simple et modeste ; mais il n'a pas dépendu de son vaillant chef qu'elle ne fût digne des plus glorieuses pages du premier empire, car Van Remoortere possédait, à un haut degré, les aptitudes d'un commandant de cavalerie.

Néanmoins, cette revue offre des faits saillants qui intéressent à plus d'un titre, et des données instructives bonnes à consulter. Elle prouvera, nous l'espérons, que les usages, les mœurs, la discipline, l'instruction théorique et pratique, la science équestre d'alors, étaient tout-à-fait dans l'esprit et dans la tactique d'une véritable cavalerie. Puissions-nous un jour — et c'est le vœu le plus ardent que nous formons ! — écarter les innovations de tout

genre et revenir franchement aux véritables principes qui n'ont
de valeur que par la stabilité. N'oublions pas que les éléments
qui constituaient la force morale et physique de la cavalerie belge
de 1831 à 1839 étaient : la cohésion, le patriotisme, la solidarité,
la considération, l'esprit national et guerrier.

III.

Nous venons de parler de la cavalerie belge de 1831 à 1839 ;
à ce sujet nous reproduisons l'extrait suivant de la Biographie du
Maréchal de Luxembourg que nous avons publiée en 1873 :
« Quels que soient le progrès et les changements que l'on pourra
introduire dans la cavalerie par suite des ressources de tout
genre que le service obligatoire mettrait à sa disposition dans un
temps donné, — ce qui ne peut tarder, car le salut du pays est à
ce prix, — nous doutons fort que jamais elle atteigne à ce dégré
d'instruction, de patriotisme, de vigueur et de nerf qui lui avaient
acquis une si belle réputation en 1839, année à jamais néfaste
pour la Belgique, et particulièrement pour nos frères du Limbourg
et du Luxembourg qui ont le plus souffert du regrettable traité
des 24 articles.

Cette cavalerie, merveilleusement rompue au service des
avant-postes et presque toujours cantonnée à la frontière Nord-
Est, possédait réellement des qualités hors ligne ; son éducation
était parfaitement appropriée à la situation, à son esprit et aux
services qu'elle aurait été appelée à rendre. Les innovations de
tout genre ne venaient pas la troubler et la race *des faiseurs*
était encore à naître. Elle était bien entretenue ; les soldats
avaient une paie et une masse plus élevées ; ils jouissaient de
plus de bien-être, de liberté et de considération. Les chevaux
étaient vigoureux et agiles ; on ne marchandait pas leur nourri-

ture. Le personnel était composé de cadres expérimentés, d'une foule de hardis volontaires et de robustes miliciens qui avaient cinq ans de services sous les étendards ; le *Suave* remplaçant (heureuse expression du général Capiaumont) ne s'y rencontrait que par exception. C'est dans ce personnel que notre cavalerie puisait tous ses éléments de durée, de confiance, de vitalité et de succès ; elle avait une foi entière dans ses moyens et dans son utilité incontestable : Elle pouvait croiser le fer du jour au lendemain ; elle avait pour chefs des généraux et des colonels qui s'appelaient : Duvivier, De Brias, De Marneffe, Van Remoor-tere, Brion, Anoul, Spaey, Thiery, Crooy, De Lobel, tous officiers ou chevaliers de la Légion d'Honneur, tous fils de leurs œuvres, tous ayant fait noblement et vaillamment leurs preuves en qualité de commandants d'escadron ou de peloton sous Napoléon-le-Grand ; ils possédaient l'estime, la confiance et la respectueuse affection de leurs officiers et de leurs soldats ; point de basses intrigues, de menées sournoises, de coteries à cette époque ! Le respect des hiérarchies, la franchise, l'honneur, la dignité étaient à l'ordre du jour. Constituée ainsi, commandée de la sorte, cette belle cavalerie admirablement secondée par une infanterie d'élite et une artillerie brillante devait faire et aurait certes fait des prodiges !... »

IV.

Ce n'est pas en sa qualité de général, grade qu'il n'a occupé qu'en temps de paix, mais bien comme colonel de cavalerie que nous nous proposons l'étude de Van Remoortere. A ce point de vue spécial, il est pour nous, le type le plus loyal, le plus brillant, le plus populaire, en un mot le plus complet que nous ayons vu dans le cours de notre carrière.

Il nous sera d'autant plus facile d'établir le rôle utile et jusqu'à un certain point glorieux de notre modeste héros, que nous avons servi sous ses ordres pendant les dix années qu'il a commandé si brillamment le 1er régiment de chasseurs à cheval.

Toutes les instructions, tous les ordres donnés au corps par Van Remoortere étaient marqués au coin du bon sens et révêtaient un cachet d'originalité qui caractérisait si bien le digne colonel. Ils eurent tant d'attrait pour notre jeune imagination guerrière que nous les recueillîmes religieusement au fur et à mesure, sans nous douter qu'un jour ils serviraient de base à notre travail actuel.

Lorsque la Belgique eut reconquis son indépendance, ce furent en général des officiers, des sous-officiers ayant fait la guerre, qui constituèrent le noyau de notre jeune armée. Combien nous nous rappelons avec bonheur cette pléïade d'anciens soldats dont les traditions, le langage, le caractère, les sentiments, les fières allures portaient le cachet de la plus haute expression guerrière !

Nous prêtions une oreille attentive à leurs conseils; leur mâle visage exprimait la bonté de leur cœur lorsque nous les écoutions avec recueillement. Ces vieux soldats avaient un langage pittoresque qui donnait tant d'attrait à leur conversation ; ils avaient des expressions pour chacun des chefs qu'ils avaient vu à l'œuvre, mais ils ne tarissaient plus lorsqu'il était question du colonel Van Remoortere !

V.

De quel éclat brillaient dans la bataille
Ces habits bleus par la victoire usés !   (Béranger).

Oui, nous les avons vus, étudiés de près ces nobles soldats du premier empire et nous en avons conservé un souvenir impérissable. Ils étaient nombreux au 1ᵉʳ régiment de chasseurs à cheval, où ils étaient en possession de l'estime et de la confiance de tous leurs subordonnés. La fraternité militaire les unissait comme le lierre s'entrelace au chêne robuste.

Ces vaillants soldats, dont chaque grade rappelait une bataille, avaient entr'eux plus d'un point de ressemblance : le même souffle guerrier les animait ; leurs sentiments étaient analogues ; ils semblaient sortis d'un même moule. Terribles et fiers devant l'ennemi, ils avaient la douceur de l'enfant dans la vie privée, et leur louange retentissait sans cesse au foyer de la famille.

Car les cœurs de lion sont les vrais cœurs de père !
(Victor Hugo.)

Quand ils entendaient des égoïstes ou des pusillanimes s'écrier : Il faut savoir profiter de toutes les circonstances ! Ou : ne vous exposez à rien ! Ils répondaient : profiter des circonstances où l'on peut s'enrichir ou obtenir des avantages au prix d'une bassesse, ou bien aux dépens d'autrui, est une lâcheté ; et, quant à s'exposer, il faut risquer ses jours pour sauver son semblable. Il faut avoir pour maxime de craindre cent fois moins pour sa vie que pour son honneur ! Il faut savoir — dût-on ne recueillir que l'oubli ou l'ingratitude — s'immoler pour sa patrie !

En dehors du service, où ils se montraient fermes, calmes et dignes, ils cherchaient à témoigner à leurs subordonnés la sympathie et la sollicitude qu'ils ressentaient pour eux. Mériter la confiance et le respect de la troupe était un besoin de leur généreuse nature ; l'expérience ne leur avait-elle pas appris que sans cela on ne fait rien de grand à la guerre, ni rien d'utile pendant la paix ?

Une bonté native les distinguait, et, parfois, on était surpris et charmé de les voir céder à des moments de naïve sensibilité. Ah ! c'était bien la preuve que la guerre ne les avait pas endurcis ; au contraire. Le feu des combats semblait avoir purifié leurs âmes de toutes les viles passions, pour n'y laisser briller que la flamme sacrée des sentiments généreux.

Ces hommes, bronzés sous tous les climats, qui faisaient si bon marché de leur sang et de leur vie, dès qu'il s'agissait d'accomplir un devoir ou d'immortaliser leur drapeau, avaient acquis ce calme et cette philosophie que donnent les grandes épreuves d'une vie mouvementée et pleine de périls. Ainsi, par exemple, ils se plaignaient bien rarement d'une injustice, d'un avancement retardé, de titres méconnus, en un mot de ces cruels mécomptes qui sont le partage de beaucoup dans notre rude métier.

Et cependant, autant ils aimaient l'équité, la noblesse et la gloire, autant ils abhorraient la bassesse et l'iniquité ! Leur culte pour les grandes choses, ce culte ardent que rien n'altère, ni les obstacles, ni les déceptions, ni les dangers, ni l'adversité, semblait les préserver de toute défaillance morale et consolait leur fière pauvreté.

Tous ces guerriers avaient conservé une vive et excellente souvenance de leurs relations fraternelles avec leurs anciens compagnons d'armes français, sous Napoléon Ier. L'empire nous imposait la loi aussi bien qu'au reste de l'Europe ; mais pour beaucoup la France était une patrie d'adoption. Du reste, les soldats belges étaient admirablement appréciés sous l'empire ;

leur bravoure, leur aptitude, leur dévouement étaient des titres indiscutables [1]. Nos pères se rappelaient avec une émotion indicible, les grandes scènes de ces temps homériques, les pays lointains qu'ils avaient parcourus en vainqueurs, les capitales où ils avaient séjourné, les causeries animées du bivouac, les faits d'armes qu'ils avaient accomplis, leur étendard aux trois couleurs, troué par les balles et noirci par la poudre, la gloire qui les énivrait, et les entraînait irrésistiblement partout où l'Empereur le voulait! Celui dont l'ardent génie surpassa Alexandre et César, leur avait inspiré un dévouement absolu; pour eux Napoléon c'était le dieu des grandes batailles !...

Ils conservaient religieusement son souvenir au fond de leur âme; et quand ils en parlaient, des pleurs d'admiration et de regrets coulaient de leurs yeux... C'était d'autant plus beau, d'autant plus sublime, qu'en résumé la plupart de nos guerriers étaient revenus en Belgique criblés de blessures, accablés de fatigues de tout genre, ne rapportant que leur épée, de pauvres galons, une épaulette noircie de poudre, ou une croix teinte de leur sang, et ceux-là étaient les plus heureux !

Tels étaient les Van Remoortere, les Moyard, les Spaey, les Boutmy, les Morel, les Brion, les Forcade, les Daufresne de la Chevalerie (mon père), les Veldy, les Thiéry, les Lafont, les Sébile, les Dupont, etc, qui, tous, servirent si dignement au 1er de chasseurs à cheval.

---

(1) **En** 1841, le lieutenant-général français, baron Hurel, alors chef de l'état-major de l'armée belge, constate que ces sentiments de confraternité militaire n'avaient pas cessé de règner entre les deux nations ; dans son ordre d'adieu à l'armée, daté du 10 avril 1841, il écrit ces nobles paroles :

« En 1794, j'ai fait mes premières armes sur vos frontières, en combattant comme *soldat* à Fleurus, et c'est en Belgique que je cesse aujourd'hui mes services actifs; mais si la guerre éclatait et que mon pays m'appelait encore dans les champs, le vœu le plus ardent que je forme est d'y retrouver l'armée belge alliée à la France ! »

BIOGRAPHIE

DE

VAN REMOORTERE.

I.

Charles Antoine Van Remoortere naquit à Saint Nicolas le
20 mai 1785 ; il appartenait à l'une des plus anciennes familles
du pays de Waes ; nous lisons à ce sujet dans le complément du
nobiliaire des Pays-Bas et du comté de Bourgogne, par le baron
De Herckenrode :

« Le fief de Ter Moortere qui a donné son nom à la famille
« Van Remoortere[1], dont l'orthographe primitive est Van Der

---

[1] Les armes des Van Remoortere sont d'argent au chevron de gueules,
accompagné de trois molettes de sable ; l'écu sommé d'un casque d'argent,
grillé et liseré d'or, fourré d'azur, bourrelet et lambrequins d'argent et
de gueules. Cimier, une molette de l'écu entre deux vols coupés en fasce,
l'un d'argent et de gueules, l'autre de gueules et d'argent. Supports : deux
lions d'or, armés et lampassés de gueules.

« Moortere, était situé dans la paroisse de Melsele, au pays de
« Waes.

« Il avait une étendue d'environ 17 bonniers, et était tenu de
« fournir au comte de Flandre, en temps de guerre, un cheval de
« 100 escalins parisis tout équipé. En cas de vente ou de mutation
« par décès, il était tenu au droit fixe de 10 livres parisis. Pour
« les affaires civiles, il ressortissait de la vierschare de Melsele.

« Ce fief semble être sorti de bonne heure de la famille qui lui
« doit son nom, et cette famille elle-même doit avoir été rude-
« ment éprouvée par les guerres, qui, sous les Dampierre, rava-
« gèrent la Flandre, car nous rencontrons, dès 1429, un acte de
« réhabilitation de la comtesse Marguerite de Flandre, dont
« voici la traduction [1] :

« Au nom du Père, du Fils et du Saint-Esprit, ainsi soit-il.

« Sache un chacun de Notre Mère la Sainte Église que comme
« Mabelic d'Eeckhaute et Gertrude sa sœur et Baudouin de
« Remoortere, avec leur postérité furent d'état et de condition
« libres, et néanmoins la justice séculière les en ayant privés à
« tort et réduits à la servitude de la comtesse de Flandre ; la noble
« matrone Marguerite, comtesse de Flandre a cherché et trouvé
« la vérité, et déclare les prédits Mabelic, Gertrude et Baudouin
« Van Remoortere avec leurs descendants libres de servitude et
« par Willemain d'Oost kerke qui en ce temps fut bailli de Gand
« et du pays de Waes, en présence de ses hommes, savoir :
« Théodore dit Scampenois, seigneur de Pumbeke, et de Godefroid
« son frère, Bertram de Bordebur, chevaliers Danekin de Rode-
« sacken, Jean de Tamise, Soikin de Horsele, Guillaume de
« Winevelde et de Philippe de Likevelde, alors sous-bailli dans
« le pays de Waes, et de beaucoup d'autres hommes probes,
« les a fait déclarer libres à l'entrée de l'église de Waesmunster,

---

(1) Voyez Van den Bogaerde, land van Waes, t. II, p. 62.

« du côté Est. Et après que les prédits Mabelic, Gertrude
« et Baudouin avaient recouvré leur ancienne liberté se sont-ils
« en présence de Nicolas, prêtre et curé de l'église de Saint-
« Nicolas et de Théodore, seigneur de Pumbeke, chevalier,
« marguillier de la même église, et de beaucoup d'autres parois-
« siens, faits tributaires de l'autel de Saint-Nicolas, en la même
« église, d'un cens annuel, savoir : de deux deniers par an, eux
« et leurs successeurs ; à leur mariage six deniers et à leur décès
« douze deniers, à payer moitié au prêtre, moitié à la prédite
« église, et en témoignage perpétuel de ce, moi Nicolas prêtre et
« moi Théodore de Pumbeke, chevalier, ayant ouï et vu ces
« choses, avons fait sceller les présentes lettres de nos sceaux,
« l'an de Notre Seigneur mil deux cent et quarante-neuf
« (A° 1249). »

II.

Le jeune Van Remoortere fit ses études au collége de Melle,
près de Gand[1]. Il n'y séjourna que trois années. Depuis longtemps déjà le récit émouvant des batailles de la République
française, les prodigieux exploits des soldats de Bonaparte élec-
trisaient son cœur et fermentaient dans son imagination. Les

---

(1) La Maison de Melle fut fondée par Messire Louis Van den Hole en faveur
des chanoines de l'ordre de Saint Augustin, le 16 juillet 1431. — Au XVIIe siècle
leur collége était très-florissant ; on y enseignait les humanités et les sciences.
— Fermée par Joseph II, le 12 avril 1781, la Maison de Melle fut rendue aux
études par M. E. de Sauw en 1789. — Depuis, elle passa successivement sous
la direction de M. Joseph Dechamps (père de l'éminent cardinal actuel de
Malines) en 1807, — de M. D. Van Wymelbeke en 1823, et enfin sous celle des
savants et dévoués Joséphites en 1837 ; grâce à leur zèle infatigable cette
Maison, transformée aujourd'hui en palais, est devenue l'un des premiers
établissements d'instruction du pays.

rêves de gloire planaient nombreux et variés à son chevet ; les cloches de l'antique beffroi et de la cathédrale de Gand, célébrant les victoires du premier consul l'exaltaient au plus haut degré ; la vue soudaine d'un beau cheval de guerre le faisait tressaillir ; il se voyait, le sabre au poing, chargeant à la suite des Lasalle ou des Murat. Que de fois ses professeurs ne le surprirent-ils pas, la tête entre les mains, relisant avec avidité, sous son pupitre, soit le bulletin d'une nouvelle victoire du vainqueur d'Arcole, soit une bataille d'Alexandre ou de César !...

Un beau jour, ses professeurs le cherchèrent en vain sous les ombrages épais de l'antique abbaye, il avait disparu pour aller s'engager comme soldat... Cependant, son père, prévenu à temps, parvint à le rejoindre et à le ramener, en lui promettant que si sa vocation était sérieuse, qu'après un certain temps il ne s'opposerait plus à son départ pour l'armée... Sa vocation ! Ah ! qui mieux que Van Remoortere pouvait dire avec son ami De Brack : « Ce ne fut pas la conscription qui décida notre carrière, mais cette vocation puissante, invincible d'une chaleureuse ambition ! Notre but alors n'était ni une adjudance de place acquise après trente années de services, ni la charité des invalides. C'était la gloire ! Il était vaste ce but, comme l'époque immense à laquelle vivait notre jeunesse, et cette ambition était permise à une carrière si chanceuse, où chaque jour la mort et la gloire pesaient également dans la balance. »

Enfin, après deux mois d'attente fiévreuse, Van Remoortere obtint le consentement paternel et le 8 novembre 1805 il faisait partie des immortelles phalanges de Napoléon Ier.

III.

SERVICE DE FRANCE.

Vélite au régiment de chasseurs à cheval de
la Garde impériale, le . . . . . , . . 8 Novembre 1805
Brigadier, le . . . . , . . . 10 Mars 1806
Sous-Lieutenant au 19ᵉ régiment de chasseurs
à cheval, le . . . . , . . 15 Juillet 1807
Lieutenant, le . . . . 21 Décembre 1809
Capitaine, le . . . . 6 Avril 1812
Démissionné honorablement du service de
France, le. . . . , ... 3 Septembre 1814

SERVICE DES PAYS-BAS.

Capitaine aux chevaux-légers, le . . . . . 11 Novembre 1814
Major au 8ᵉ régiment de hussards, le . . 26 Octobre 1824
Démissionné honorablement par le roi de
Hollande, le . . . . 26 Octobre 1830

SERVICE DE BELGIQUE.

Lieutenant-colonel, par arrêté du Gouverne-
ment provisoire, le. . . . . 5 Novembre 1830
Colonel honoraire, le. . . . . 17 Février 1831
Colonel effectif, le. . . . . 23 Juin 1831
Général-major commandant la 2ᵉ brigade de
cavalerie, le . . . . 9 avril 1841

CAMPAGNES, BLESSURES, ACTIONS D'ÉCLAT OU FAITS PARTICULIERS.

1806
1807 } en Prusse et en Pologne.

1808
1809 } en Allemagne.

1810
1811 } en Croatie.

1812 en Russie.

1813 en Saxe.

1814 en Italie.

1815 en Belgique.

1830
1831
1832 } contre la Hollande.
1833
1839

———

S'est trouvé aux batailles d'Eylau, Friedland, Ratisbonne, Essling, Wagram, Moskowa, Majorlawitz, Lutzen, Bautzen, Dresde, Leipzig et Quatre-Bras [1].

———

Il eut un cheval tué sous lui à Essling, Wagram, Moskowa, Bautzen, Borgo Sandonino (Italie) et aux Quatre-Bras.

———

(1) Il y avait, certes, là assez de gloire pour satisfaire l'ambition la plus insatiable, et cependant, qui le croirait ! Notre héros avait un regret : c'était de n'avoir pu assister à la bataille d'Austerlitz, étant encore, à cette époque, au dépôt où il faisait son instruction première. Et voilà ce qu'il enviait à son vieil ami, le général Clump.

Il reçut un coup de lance à Borac, dans le côté gauche, un coup
de feu au genou à Cornembourg et un coup de sabre au travers du
corps aux Quatre-Bras.

———

Il fut cité plusieurs fois à l'ordre du jour et fut nommé Chevalier
de la Légion d'Honneur le 14 avril 1813 ; nommé une seconde fois à
la bataille de Bautzen le 21 mai 1813 ; Chevalier de l'ordre militaire
de Guillaume le 20 juin 1815 ; Officier de la Légion d'Honneur le
15 novembre 1833 ; Chevalier de l'Ordre de Léopold le 15 décembre
1833 ; Officier de cet ordre le 18 juillet 1845 et Commandeur du
même ordre le 9 avril 1841.

IV.

En 1830, quand éclata la révolution belge, le Gouvernement
qui mettait tout en œuvre pour organiser une armée nationale, fit
faire de secrètes et instantes démarches pour engager Van Remoortere à quitter le service de la Hollande ; le grade de général
lui fut même offert d'emblée, car on connaissait ses magnifiques
antécédents. Le loyal officier ne voulut accepter aucun offre avant
d'être relevé de son serment. Il se rappelait ces mots de
Turenne : « Celui qui fait un serment s'engage à le tenir ou à
renoncer à l'honneur, car il prend à témoin les hommes et ce
qu'il y a de plus sacré, Dieu et la conscience. »

Ce ne fut que le 26 octobre 1830, après avoir obtenu sa démis-
sion honorable, que Van Remoortere rentra dans sa patrie.

Nommé colonel honoraire le 14 février 1831, il fut confirmé

dans ce grade le 27 juin 1831 et désigné pour prendre le commandement du 1ᵉʳ régiment de chasseurs à cheval.

Voici en quels termes il annonça au corps sa prise de commandement :

« ORDRE DU RÉGIMENT.

« Borgerhout, le 6 juillet 1831.

« Je porte à la connaissance du régiment que Mʳ le régent, par décret du 23 juin, m'a nommé colonel effectif commandant le 1ᵉʳ régiment de chasseurs à cheval. J'aime à croire que le régiment continuera à mériter par son dévouement et sa bonne conduite l'estime de ses chefs et de ses compatriotes. Chasseurs ! n'oublions jamais que dans tous les temps, nous devons à ces derniers aide et protection.

« Des connaissances acquises sur plus d'un champ de bataille me sont un sûr garant de la confiance que m'accorderont les soldats.

« Chasseurs ! s'il faut sabrer, on me verra toujours à la tête du régiment.

« Si nous avons la paix, on me verra toujours défendre et maintenir les lois de mon pays et mes efforts tendront constamment à contribuer par tous les moyens en mon pouvoir au bien-être de ceux que j'ai l'honneur de commander(1).

« *Le colonel* (signé) Van Remoortere. »

---

(1) L'intrépide général Duvivier (né à Mons) dont les annales de l'histoire de France rapportent un des faits les plus chevaleresques des guerres de Bonaparte, a écrit un ordre du jour qui a de l'analogie avec celui de Van Remoortere, et qui est en outre un modèle du genre.

« Quartier-général à Malines, le 12 avril 1832.

« Officiers et Soldats,

« Appelé par la volonté de S. M. au commandement de la 2ᵉ division, je viens me placer à votre tête. Dans les rapports qui vont s'établir entre nous, connaissez-moi !

« Je suis ami de l'ordre et de la discipline et jamais je ne m'écarterai de cette voie.

Cet ordre éminemment militaire, le premier qu'il donna comme colonel, est bien la personnification de son auteur. Croirait-on que ces nobles paroles : « S'il faut sabrer on me verra toujours à la tête du régiment, » ont, plus tard, quelque peu nui au guerrier qui les avaient écrites de sa loyale main?

« C'était un sabreur, » disait-on, « et rien qu'un sabreur. « Nous ne contestons pas que Van Remoortere aurait conduit « bravement ses escadrons à l'ennemi, mais, faute de connais- « sances suffisantes en tactique (?), lui et la moitié de ses hommes « seraient restés sur le champ de bataille au début d'une cam- « pagne. »

Un moment ! Nous allons réduire à néant ce singulier grief que plus d'une fois nous avons entendu exprimer sur Van Remoortere par des gens sans expérience qu'il dépassait de toute sa taille et qui n'avaient jamais entendu une balle siffler à leurs oreilles.

Les nombreuses campagnes de Van Remoortere attestent, en effet, que c'était un rude et vaillant soldat, qui, à la tête de ses cavaliers, n'avait nul souçi de sa santé ou de sa vie, n'ayant au cœur qu'une pensée, celle de saisir une occasion favorable pour se précipiter sur l'ennemi et le culbuter. Nous doutons fort que ses détracteurs en eussent fait autant ; et nous souhaitons en tout cas, que la cavalerie belge soit peuplée de sabreurs de la trempe de l'héroïque Van Remoortere.

Pour nous, qui avons une foi entière dans les brillants antécédents de notre héros, c'est-à-dire dans ses connaissances acquises

---

« Si les événements nous reportent sur le champ de bataille, vous me verrez partager vos dangers.

« Je compte sur votre courage. La valeur qui caractérise le soldat belge m'est un sûr garant de nos succès.

« Le général de division (signé) baron DUVIVIER. »

Quelle haute opinion les cavaliers devaient avoir de pareils chefs et surtout quelle magnifique confiance elle devait leur inspirer !

sur plus d'un champ de bataille, nous qui avons analysé ses ordres et ses instructions à ce sujet, nous affirmons hautement qu'il était non-seulement un intrépide sabreur, mais un type complet de colonel, voire même de général de cavalerie, dont il nous serait difficile aujourd'hui de trouver le pareil[1]. Nous l'avons vu à l'œuvre au camp, sur le terrain, pendant de longues années; et là, comme ailleurs, nous l'avons trouvé supérieur à tous égards. Commandant avec feu, montant à cheval comme un centaure, *il chargeait toujours à la tête de ses escadrons*[1]. Plein d'aménité et de franchise pour tout le monde, il conservait son calme et sa dignité, en toute circonstance; ses commandements se faisaient à propos et sans précipitation; il imposait à son régiment.

Van Remoortere, nous en sommes persuadés, autant que n'importe quel général, eut été prudent avant l'action et ne l'eut pas engagée sans avoir pris toutes les mesures indispensables, mais le moment opportun arrivé, il n'eut pas hésité une seconde et fut tombé comme la foudre sur son ennemi; car notre colonel était convaincu que cette belle devise : *La fortune favorise les audacieux,* est surtout faite pour l'officier de cavalerie; de plus, qui mieux que lui était pénétré de ces maximes de De Brack : « l'effet moral est pour les trois quarts dans la puissance de la cavalerie. Ne l'oubliez pas, et en conséquence agissez toujours vigoureusement et rapidement sur le terrain. De cette manière

---

(1) Le général Duvivier que nous venons de citer et dont personne ne contestera la capacité et la compétence, avait la plus haute opinion de l'aptitude militaire de Van Remoortere. Voici ce qu'il lui écrivit de Mons, le 23 mai 1820 :

« J'ai reçu, mon cher capitaine, la lettre que vous m'avez écrite. Depuis que j'ai le plaisir de vous connaître, j'ai constamment cherché les occasions de vous donner des preuves de mon sincère attachement. L'intérêt particulier que je vous porte est commandé par vos talents militaires et votre éclatante bravoure. J'ai pu souvent juger l'un et l'autre.

« Recevez, mon cher capitaine, l'assurance de mes meilleurs sentiments d'estime.

« Le général-major (signé) Duvivier. »

toute hésitation disparaîtra, tout équilibre dangereux sera rompu et vos succès enlèveront de tout leur poids la balance. »

Quoi ! lui, Van Remoortere, un des plus vaillants soldats de l'empire, un élève des Bessière, des Murat, des Lasalle, stylé, dès ses jeunes ans, aux grands combats de cavalerie, ayant l'habitude du péril, il n'aurait pu, arrivé à l'âge mûr, avec son œil clairvoyant et intrépide, son bras vigoureux, son jugement prompt et lucide, une âme inaccessible à la peur, il n'aurait pu profiter d'un terrain favorable, d'un désordre imprévu, d'une manœuvre manquée par l'ennemi, pour mettre son régiment en bataille et réussir une charge décidée avec autant d'à-propos que de vigueur?

Allons donc ! Vous ne l'avez pas connu vous qui avez émis ce jugement ridicule.

Du reste, un colonel de cavalerie dont la première préoccupation, sur le champ de l'action, sera de ménager son régiment et d'attendre des ordres pour agir n'est pas digne de commander un peloton.

Une sage témérité est l'apanage d'un véritable officier de cavalerie, sans cette qualité essentielle, il n'entreprendra jamais rien de grand ni de fécond. L'officier à complexion froide, molle, sans passions, pourra faire un brave père de famille, propre à un poste sédentaire, mais ne fera jamais un officier de cavalerie.

---

(1) La première qualité d'un chef dans la cavalerie c'est de savoir monter à cheval avec résolution. Sous ce rapport on sait ce que furent les Seydlitz et les Lasalle. Devant son régiment que le colonel n'hésite jamais à franchir n'importe quel obstacle, et qu'il soit *certain* que tous ses cavaliers finiront par l'imiter. On doit lire sur sa physionomie cette confiante audace qui sied si bien au cavalier léger.

V.

Le nom de Van Remoortere est encore cité aujourd'hui dans l'armée, et son souvenir n'est, certes, pas disparu de nos rangs. On se rappelle avec plaisir ses brillantes qualités militaires, son éloquence et jusqu'à son originalité d'esprit.

Ah ! de l'esprit, il en avait, et du meilleur, et du plus fin et du plus solide ! Mais, en pensant à Van Remoortere, nous nous rappelons aussi les combats à l'arme blanche, les bivouacs d'Iéna, de Wagram, de la Moskowa, de Dresde, des Quatre-Bras, les soudaines apparitions dans les capitales de l'Europe, la gloire partagée entre belges et français, les traits généreux, les exploits lointains, ses nombreuses blessures reçues sur le champ d'honneur ! Ah! les épisodes guerriers on pourrait les citer à foison. Et le témoignage des Duvivier, des Goethals, des Clump et de tant d'autres, ne lui a pas manqué... Mais qu'importe à nos générations sceptiques ces grands souvenirs de nos pères? Pour elles, éprises si ardemment de l'amour de l'or et des jouissances matérielles, un conte graveleux, une gaudriole quelconque paraissent bien préférables à une page éloquente ou à un chant sublime. Ajoutez à ces causes d'affaissement moral les effets de l'envie[1], et nous saurons comment et pourquoi on ne cite le plus

---

[1] Ce n'est jamais contre la médiocrité qu'elle dirige ses traits empoisonnés :...

souvent de Van Remoortere que quelque conte bleu qui n'a jamais pris place dans son esprit.

Dans un livre humoristique (*Les Arabesques*) J. Ambert, fait les réflexions suivantes :

« Comment! le nom de Jacques de Chabannes, seigneur *de la Palice,* maréchal de France, gouverneur du Bourbonnais, de l'Auvergne, du Forez, du Beaujolais, et autres provinces n'est arrivé à la postérité que sous les lambeaux de couplets ridicules ? le guerrier qui conquit le royaume de Naples, le grand capitaine de Charles VIII et de Louis XII, le vainqueur de Ravennes, le héros de Marignan, le sauveur de Marseille, l'homme enfin qui mourut pour son pays sur un champ de bataille, n'est connu de la postérité que par le chant des écoliers ?

« Passons à un autre héros et demandons à la postérité son jugement sur Marlborough, le généralissime des armées de la vieille Angleterre, le plus grand homme de guerre de son temps ? La postérité tout égrillarde nous répond : il reviendra z'à Pâques ou z'à la Trinité ! »

A cent étapes de nous l'idée d'établir une comparaison entre ces héros et un simple colonel de cavalerie belge ; mais il est des rapprochements inévitables. Si le comte de Chabannes, si le duc de Churchill ne sont connus et appréciés du vulgaire que par deux stupides chansons, la mémoire de Van Remoortere ne sera nullement entachée par quelques anecdotes burlesques, délices des badauds et des philosophes de carrefour.

Mais... ce que nous savons par expérience, c'est que Van Remoortere était un vrai soldat-gentilhomme, partout à sa place : aussi bien dans un salon, qu'au bivouac, à la cour que sur le champ de bataille.

VI.

C'est au colonel à donner une bonne et vigoureuse impulsion à son régiment. Il est des chefs, qui par leur lenteur de conception, leurs exigences outrées à propos de détails plus ou moins insignifiants, leur amour de la routine, leur commandement monotone, ne parviendront jamais à imposer à la troupe et à lui faire exécuter correctement ces évolutions rapides qui font l'honneur de notre arme. A la manœuvre, sous les ordres d'un tel chef, les officiers sont distraits, les cavaliers sont mous, négligés et à moitié endormis, les chevaux eux-mêmes semblent avoir perdu quelque chose de leur énergie.

Il en est d'autres, au contraire, qui possèdent l'heureux don de fixer immédiatement l'attention, de commander le respect et la confiance, d'entraîner et d'enlever hommes et chevaux. Leur aspect, leur geste, leur ton de commandement, leur sûreté de coup d'œil, leur promptitude de détermination, leur allure décidée, tout concourt à produire le meilleur effet. Ils deviennent un centre d'activité morale et physique, une sorte de courant magnétique s'établit entre eux et la troupe qu'ils commandent.

Les vrais cavaliers sont particulièrement disposés à l'enthousiasme. Heureux le chef qui sait l'inspirer, l'entretenir et l'exalter ! il a trouvé le secret du métier ; lui et ses soldats seront invincibles.

Manœuvres de la cavalerie. — A. DAUFRESNE.

Nous avons dit que Van Remoortere était pour nous le type du colonel de cavalerie, débouclons notre vieux porte-manteau de souvenirs, orné de ses deux cors de chasse, et procédons à un dépaquetage en règle.

Van Remoortere avait 46 ans lorsqu'il fut nommé colonel; il était dans la fleur et la force de l'âge ; il jouissait de cette robuste santé qui d'ordinaire caractérise le tempéramment sanguin ; il pouvait longtemps encore supporter les fatigues de l'état militaire et rendre d'éminents et valeureux services à la patrie.

C'était, dans toute la plénitude du terme, un magnifique soldat; sa taille était élevée, son allure ferme et dégagée. Il avait un port de tête caractéristique ; cette tête aux traits accentués, à l'expression mobile et guerrière, à laquelle il imprimait un mouvement nerveux et plein de noblesse, rappelait involontairement à la pensée l'attitude fière du lion qui, debout et résolu, méprise le danger et est toujours disposé à la lutte.

Un organe sonore, un geste décidé, la moustache en croc, un regard de feu jaillissant d'un œil noir, une parole imagée, ardente, à laquelle tous les genres d'éloquence étaient familiers ; en un mot une physionomie martiale, empreinte d'une grande bonté et qui lui attirait les meilleures sympathies.

Il montait avec tact et hardiesse des chevaux ardents et vigoureux, toujours bien appropriés à sa taille et à sa pose. Jamais nous ne l'avons vu paraître ainsi sans éprouver un tressaillement nerveux et guerrier. Cette impression était générale ; instantanément tous les yeux se dirigeaient vers lui ; pas n'était besoin du commandement *garde à vous* pour fixer l'attention, on relevait la tête et l'on était fier de se sentir un cheval entre les jambes, un sabre au côté et une volonté disposée à tout entreprendre avec un pareil chef. — Oh ! oui, que nous l'aimions ! Il méritait si bien la confiance, le respect et l'affection dévoués de tous ! Il est incontestable du reste qu'un physique avantageux, rehaussé par les qualités morales, intellectuelles et surtout militaires, exerce une puissance irrésistible sur n'importe quelle troupe.

VII.

Et quelles étaient les qualités morales et militaires de Van Remoortere ?

Avant tout, il était doué d'une ferme et vive bonté. Il m'a toujours semblé que c'était pour notre colonel que De Brack avait écrit ces lignes : « Il ne faut pas que le chef fasse dire de lui par le soldat : c'est un bon enfant, parce que faible est sous-entendu ; mais bien, il est juste, il est humain, il est le père du soldat ; mais il ne faut pas lui manquer, car il ne manque personne. »

D'ailleurs, sa sévérité — quand, à son grand regret, il devait la déployer — ne blessait ni l'amour-propre du coupable, ni le sentiment général ; elle était basée sur la justice et sur la connaissance de ses subordonnés.

La guerre n'était-elle pas l'élément naturel de Van Remoortere ? Les brillants faits d'armes dont il s'était honoré, l'audace intelligente dont il avait donné tant de preuves, les nombreuses blessures qu'il avait reçues en combattant, connus de tous, l'avaient placé si haut dans l'estime de ses soldats !

Il avait ses escadrons dans la main, ou plutôt dans le cœur. Point de coteries, de basses intrigues, de sourdes menées, tout se faisait au grand jour. Autant il affectionnait les allures franches et loyales, autant il abhorrait le fade encens de l'adulation. Les résultats de cette manière d'être furent récompensés, car la fraternité militaire, base de l'union, source des succès, âme de l'émulation, était comprise et surtout pratiquée dans son régiment.

En garnison, sa sollicitude pour les intérêts du soldat ne se ralentissait pas ; fréquemment, il visitait les boucheries, les magasins de vivres et de fourrages, les cuisines, etc. Rien n'échappait à sa constante vigilance. Lorsque le régiment était cantonné, bivouaqué ou campé, il redoublait de zèle et de soins pour assurer le plus de bien-être possible aux hommes et aux chevaux. Dans ses nombreuses tournées il encourageait, il égayait le troupier, soit par une bonne parole, un conseil donné à propos, soit par une joyeuse saillie. « Car il avait la répartie juste « et prompte, ce qui dénote un esprit naturel développé par une « vie de périls et l'habitude du commandement. » (De la Barre du Parcq.)

La classe si digne et si intéressante des sous-officiers était
l'objet de sa prédilection, et nous ne croyons pas qu'un régiment
ait jamais eu un cadre plus dévoué, mieux outillé, mieux discipliné, et mieux instruit dans la *grande* science des *petits* détails
de notre métier. Nous parlerons plus loin de ces sous-officiers,
l'orgueil du brave Van Remoortere.

Les jeunes officiers étaient ses enfants. Quel ami éclairé,
chaleureux, sincère, expérimenté ils avaient en lui ! Combien lui
durent un bel avenir, et combien aussi furent ramenés par la
sollicitude paternelle de leur colonel, dans le sentier du devoir !
Heureux les jeunes gens qui trouvent un scrutateur et un protec-
teur dans un chef de cette trempe, à ce temps des passions où
la volonté est faible et où celle d'un autre nous-même nous vient
tant en aide !

Quant aux nombreux officiers qui avaient servi sous l'empire
et qui se trouvaient sous ses ordres, le faut-il demander ? C'étaient
ses anciens frères d'armes ; ils étaient restés ses meilleurs amis.
Ensemble ils inoculaient dans le régiment cet esprit guerrier,
cette ardeur à bien faire, cette confiance réciproque, ce vieil
honneur, ce sentiment profond de la justice, ce simple mais
complet dévouement dont ils étaient pénétrés. Tous n'avaient-ils
pas bivouaqué sous les mêmes cieux, servi la même cause et
entendu siffler les mêmes boulets ? Les uns et les autres ne
descendaient-ils pas de cette énergique phalange de cavaliers qui,
sous Napoléon-le-Grand, s'était tant de fois illustrée et qui avait
eu pour chefs des héros qui s'appelaient : Murat, De Valmy,
Bessière, d'Hautpoul, Curely, Boussard, Kellerman, Montbrun,
d'Espagne, Milhaud, Lasalle ?

Toujours, Van Remoortere donnait l'exemple de l'ordre, de
l'exactitude, des convenances sociales et de la dignité. Et quel
mépris pour tout ce qui ressemblait à une servilité ! Son genou
n'avait jamais fléchi que pour mettre le pied à l'étrier.

Le respect qu'il portait à la discipline était aussi profond que convaincu; il ressort dans chaque ligne d'un de ses ordres de cette époque déjà éloignée.

« Je dois rappeler aux officiers combien il importe de conserver toujours un ton de calme et de dignité en évitant avec soin tout propos désagréable ou injurieux envers leurs inférieurs. Les punitions doivent être graduées et infligées selon la moralité, les antécédents et le caractère du soldat; on ne peut user de trop de circonspection en les appliquant. En agissant de la sorte les subordonnés seront pénétrés de la conviction de leur devoir d'obéir; la discipline est la base de notre état et elle exige de tous respect et soumission. »

César répétait souvent qu'avec ses légions il aurait escaladé le ciel; le noble orgueil de Van Remoortere ne visait pas si haut, mais quelle superbe confiance était la sienne quand il disait : avec mon régiment je traverserais les enfers !

Il possédait à un haut degré l'heureux don de la véritable éloquence militaire; nul autre, en Belgique, peut-être, ne l'a égalé sous ce rapport. L'inspiration coulait de source, et son langage était l'expression exacte d'un cœur loyal et généreux : sans efforts apparents il savait faire vibrer toutes les cordes de l'âme et y laisser de profondes traces. Quel feu dans les allocutions et dans les ordres de Van Remoortere ! Quel à propos toujours, quelle chaleureuse conviction ! Parfois une certaine familiarité, qui n'exclut pas la noblesse, mais constamment l'allure alerte, décidée, si conforme à l'esprit de la cavalerie légère.

Henri IV aurait pu dire de lui ce qu'il disait de Sully : « Il écrit dans un style qui me plaît, parce qu'il sent le soldat. »

Nous avons lu attentivement dans la vie de Seydlitz, par Varnhagen von Ense, quelques ordres de régiment et d'inspection générale, adressés à ses troupes par le célèbre général prussien ; aucun d'eux n'est digne de soutenir la comparaison avec ceux du colonel Van Remoortere.

Au rare talent d'écrire dans un style précis, nerveux, coloré, marqué au coin du véritable bon sens pratique, Van Remoortere joignait une grande facilité d'élocution. Certes, il y a un bonheur réel à pouvoir écrire des choses qu'on croit utiles, mais savoir parler en public et s'en faire comprendre, c'est une ressource qui a son agrément et son utilité dans les temps difficiles où nous vivons, ne fût-ce que pour exalter les bons, protéger les faibles et frapper de réprobation le vice dans ses hideux triomphes.

Les ordres de Van Remoortere renferment des pensées, des sentiments, des principes, qui ne vieillissent point, qui conservent leur parfum et leur fraîcheur, parce qu'ils sont vrais. Revêtus d'une forme pittoresque et originale, dictés d'un trait et respirant une mâle énergie, ils étaient ce qu'ils devaient être, concis, mais complets : pas un mot à y ajouter ou à en retrancher. Aussi ce sont des modèles à consulter, empreints du véritable talent, celui de créer des œuvres sympathiques et durables.

Lorsqu'il parlait, le feu sacré de son âme jaillissait de ses yeux. Son discours imagé entraînait et lui conviait tous les cœurs. L'ardeur dont il était animé, il la communiquait à ceux qui l'entouraient, quand surexcitant en eux les plus nobles passions, il cherchait à en faire des cavaliers de sa trempe, courageux, hardis, entreprenants. On peut tout obtenir des hommes quand on sait les intéresser à l'honneur, à la gloire; et, grâce à Dieu, le belge sera toujours accessible à ces sentiments élevés.

Sa grande préoccupation était d'entretenir l'esprit militaire dans son régiment : ce régiment qu'il plaçait dans son estime au dessus de tous les autres, et qu'il avait le talent de mettre en évidence dans toutes les circonstances.

L'excellente réputation que le régiment s'était acquise lui était plus chère que la sienne propre. Si l'on voulait voir cette figure de lion s'épanouir d'orgueil et de fierté on n'avait qu'à lui faire l'éloge du 1ᵉʳ régiment de chasseurs, de ses braves enfants, comme il nous appelait tous.

Et toi, vieille générosité, toi qui sieds à merveille à l'homme d'épée, à un chef de corps, dis-nous que de fois le verre d'eau de vie distribué à propos (De Brack), des secours d'argent, des tonneaux de bière à l'occasion d'un anniversaire, d'une fête guerrière quelconque firent délier à notre bon colonel les cordons de sa bourse !

Et vous, jeunes officiers de l'école moderne, prenez pour exemple ce beau type militaire et vous apprendrez à vous servir de la clef d'or avec laquelle le colonel Van Remoortere ouvrait spontanément le cœur de tous ses soldats.

VIII.

Feu notre roi, Léopold Iᵉʳ, ancien général de cavalerie, dont Napoléon a fait un brillant éloge à Sᵗᵉ Hélène, jugeait rapidement les vrais hommes de guerre ; il honorait Van Remoortere d'une estime toute spéciale ; c'était un des chefs de corps avec lequel il conversait le plus volontiers, et presque toujours en allemand. (Van Remoortere parlait cette langue comme le français.) Il appréciait à sa juste valeur cet esprit original et distingué, ce cœur chaud, dévoué et brave jusqu'à la témérité.

La veille de la bataille de Louvain, passant la revue du 1ᵉʳ de chasseurs, le roi fut frappé de l'attitude militaire des cavaliers, du grand nombre de vieux soldats qui se faisaient remarquer dans les rangs et surtout des sentiments guerriers et chevaleresques que Van Remoortere lui exprima dans cette circonstance solennelle. Nous tenons de bonne source que le roi manifesta l'intention que le 1ᵉʳ de chasseurs à cheval fût réservé pour composer sa garde.

NOTICE SUR LE 1ᵉʳ RÉGIMENT DE CHASSEURS A CHEVAL.

Un des plus grands bonheurs que doive ambitionner un officier au début de sa carrière c'est de faire partie d'un régiment qui sert bien et de se trouver sous les ordres de chefs instruits, habiles et expérimentés.

DE BRACK.

Ce régiment eut pour noyau un petit corps de *cavalerie franche* formé à Tournai le 2 octobre 1830, — c'est-à-dire quatre jours après la révolution de septembre — par la réunion de quelques hommes de l'ancien régiment de hussards, nᵒ 6 [1] et de volontaires ; le capitaine Thiéry, ancien serviteur de l'empire et officier d'une haute capacité en avait le commandement. Porté bientôt à quatre compagnies, puis à neuf, il passa sous les ordres du colonel Moyard et prit le nom de 1ᵉʳ régiment de chasseurs, en vertu d'un décret du gouvernement provisoire du 27 octobre 1830. Il est donc le plus ancien régiment de cavalerie de notre armée.

Le 1ᵉʳ Juillet 1831, alors que Van Remoortere venait d'en prendre le commandement, les huit premières compagnies formèrent quatre escadrons de guerre et la 9ᵉ prit la dénomination d'escadron de dépôt. Le 22 septembre 1831 le régiment fut porté à six escadrons avec un peloton hors rang. Le 9 juillet 1832 un 7ᵉ escadron d'éclaireurs [2], fut organisé ; on le supprima le 5 juin 1839, à la suite du funeste traité des 24 articles.

---

(1) Ce régiment de hussards était en garnison à Tournai en 1830. Il me souvient du désarroi qui se déclara dans ses rangs à la nouvelle des succès de la révolution. Il opéra sa retraite par la porte des Sept Fontaines, direction de Courtrai, dans un désordre inexprimable.

(2) Les trois sous-officiers comptables désignés par Van Remoortere, lors

Au fùr et à mesure de leur organisation les compagnies se rendirent à l'armée ; les 1re et 5e assistèrent à l'ouverture du congrès le 2 décembre 1830. Elles se portèrent ensuite sous les murs de Maestricht, où les rejoignirent bientôt les 2e et 6e, puis les autres compagnies du corps.

A part un ou deux régiments surpris et mis en déroute par l'imprévu des événements, et leurs mauvaises dispositions, la cavalerie hollandaise restait bonne et compacte. C'est devant elle que le 1er de chasseurs, nouvellement créé, dut faire le service des avant-postes, et chargé de la maintenir en respect ; c'est aussi à cette rude et féconde école que le régiment s'initia aux secrets de la petite guerre. Il s'acquitta de cette tâche difficile à l'entière satisfaction du général Daine, qui le 20 juin 1831, quand le 1er de chasseurs quitta l'armée de la Meuse pour se rendre à l'armée de l'Escaut, lui adressa l'ordre du jour suivant :

« OFFICIERS, SOUS-OFFICIERS ET CHASSEURS,

« Le gouvernement vient de vous appeler à faire partie de l'armée de l'Escaut. L'obéissance aux lois de la discipline, le respect pour les personnes et les propriétés de vos concitoyens, votre dévouement à la patrie ont constamment caractérisé votre beau régiment, et je remplis un devoir bien doux en vous exprimant mon estime et ma reconnaissance et en même temps les regrets que j'éprouve de vous voir vous éloigner de mon armée.

« Officiers, sous-officiers et chasseurs, n'importe les lieux où la patrie réclame vos services, vous vous rappelerez toujours que c'est pour son indépendance que vous avez combattu, et vous ne cesserez pas, j'en suis convaincu, de vous montrer digne d'elle et de vous mêmes.

« *Le général de division commandant l'armée de la Meuse* (Signé) DAINE.

« Quartier-général à Hasselt, le 29 juin 1831. »

---

de la création de l'escadron d'éclaireurs, furent les trois fils aînés du capitaine Daufresne de la Chevalerie.

LA GUERRE.

La Guerre! Quel est le vrai soldat qui ne la désire pas ardemment, qui n'en fait pas l'objet de ses rêves, qui ne s'inspire pas de ses traditions, qui ne l'étudie pas dans le but ou l'espoir d'y jouer un rôle glorieux? La guerre lorsque la patrie, le foyer de la famille sont en danger, c'est pour un soldat le poème de la vie, mais aussi l'occasion de faire preuve d'aptitude, de bravoure et de dévouement; c'est la joyeuse activité des camps succcédant au marasme des garnisons. C'est la vie au grand air, en plein soleil, c'est la fraternité s'épanouissant au feu du bivouac et se prodiguant à l'heure de la mêlée. La guerre, n'est-ce pas la charge brillante des escadrons, l'attaque impétueuse à la bayonnette, les éclats retentissants de la grande voix du canon, et pour tous la perspective de la gloire?...

La guerre, c'est l'imprévu avec ses variétés infinies et ses charmes mystérieux ; c'est l'espérance déployant ses ailes diaprées sur le champ de bataille, c'est la conquête d'une épaulette, et qui sait, peut-être, l'occasion de mériter la croix d'honneur, cette croix que l'on est si fier de porter quand elle a été reçue sur le champ de la victoire. C'est l'étendard noirci de fumée et de poudre, déchiqueté par les balles que l'on va rajeunir en le couvrant de lauriers fraîchement cueillis ; c'est la confusion et la honte des lâches et des traîtres ! Ce sont les glorieuses blessures qui, reçues en plein visage, donneront à la physionomie d'un brave un aspect si viril, et pourront témoigner de son dévouement ; c'est aussi pour beaucoup la mort : ici ce vieux guerrier est frappé en défendant son drapeau, là bas ce jeune soldat est atteint au moment où, le premier, il pénètre dans un bataillon carré ; celui-ci succombe au moment où il volait au secours d'un frère d'armes, celui-là en se précipitant sur une batterie ennemie ; mais, pour tous, cette mort est glorieuse ; tombés au poste du devoir et de l'honneur, ils sont morts pour la patrie ; et n'ont-ils pas bien mérité du Dieu qui préside au sort des batailles ?

La guerre, superbe, ardente, accidentée, irrésistible, ce sont mille troubles, mille incidents variés, milles impressions diverses ; c'est un ïambe de Barbier, une strophe de Pindare, une page de Rubens, un refrain de Rouget de l'Isle, une proclamation de Bonaparte ! Ce sont les passions les plus énergiques et souvent les plus nobles décuplant les facultés physiques et morales ; c'est l'homme se montrant ce qu'il est, ce qu'il peut devenir ; mais, par dessus tout, c'est l'abnégation. « Au feu, l'égalité c'est le courage ! » s'écrie De Brack, au feu c'est aussi la solidarité et le triomphe de la discipline : le soldat comme le chef se doit à tous. Quel spectacle grandiose, quelles violentes et fécondes émotions, quelle terrible puissance, quel audacieux génie, quels trophées et quels revers ! Puis, après la lutte, quels souvenirs !...

Ah ! Van Remoortere comprenait si bien cette poésie de cap et d'épée qui s'appelle la guerre ! Ecoutons-le :

«Les circonstances difficiles dans lesquelles nous nous trouvons font présager une guerre prochaine ; nous entrerons bientôt en campagne ! Notre vœu le plus cher et le plus ardent est donc à la veille de se réaliser ! Oui, chasseurs, cette fois l'année ne s'écoulera pas, je l'espère, sans que nous ayons eu le bonheur de nous mesurer avec l'ennemi et de prouver notre entier dévouement à la patrie. Je suis donc heureux aujourd'hui de souhaiter à tous une bonne et glorieuse année. Votre courage et votre discipline me sont connus : rien ne peut vous faire dévier du chemin de l'honneur. Chasseurs, votre colonel compte sur vous comme vous pouvez compter sur lui ! »

Ce langage éminemment guerrier ne nous dit-il pas avec quel enthousiasme et quelle âme Van Remoortere eut écrit le bulletin d'une victoire à laquelle son brave régiment aurait coopéré ?...

HARANGUES MILITAIRES.

César n'entreprenait rien qu'au moment de l'exécution
il n'en rendit compte à ceux qui devaient agir ; les soldats
l'apprenaient souvent de lui-même et toujours des centu-
rions. La nécessité de l'entreprise servait d'exorde à ses
harangues ; il rappelait ensuite l'honneur qu'ils s'étaient
acquis dans telle ou telle affaire, et il finissait par leur
faire entrevoir la fin de leurs fatigues qui seraient couronnées par une nouvelle gloire.

Le chevalier FOLARD.

Le connétable Bertrand Du Guesclin, cet illustre capitaine
du XIVᵉ siècle dont nous allons publier une étude approfondie,
sous ce titre : Une page inédite de l'histoire de France, relative
à Bertrand Du Guesclin, avait un genre d'éloquence très-bien
approprié au tempérament de Van Remoortere ; donnons-en quelques preuves :

« — Nous aurons aujourd'hui, s'il plait à Dieu, une noble journée,
et l'on saura qui bien s'aidera d'épée et de lance.

« — Beaux seigneurs, ayez bon cœur et hardi, et s'il y a par aventure quelque couard qui craigne pour sa peau, je lui donne congé de
s'en aller mûcher près de sa femme, car je sais bien que nous aurons
bientôt grande bataille.

« — Hardi, mes enfants ! que l'Anglais tourne encore le dos à
Notre Dame Du Guesclin !

« — Ah ! chiens de couards qui craignez ces mécréants ! Vous
sauriez mieux trouver une grande huche bien remplie pour piller
ce qui est dedans plutôt que de trouver nos ennemis !

« — Mes enfants, nos filets sont tendus, voici les ennemis pris dedans, sus et mort aux Anglais !

« — Par Notre Dame Du Guesclin ! si le soleil entre dans ce chastel, nous y entrerons aussi ! »

A l'exemple de tous les vrais guerriers, Van Remoortere aimait à haranguer la troupe. Mais pour réussir comme lui dans cet art difficile, des dispositions innées sont absolument nécessaires : « L'homme ne vault que quand il est esmeu, » a dit Montaigne, il a raison, le cœur humain est ainsi fait, on ne peut le décider à entreprendre de grandes choses qu'autant qu'on parvienne à l'intéresser ou à l'enthousiasmer, soit par un langage ferme et élevé, soit par l'héroïsme de l'exemple. Parler ou agir à propos ; voilà en quoi Van Remoortere excellait.

Prononcée par un chef aimé et respecté, dans le moment qui précède un combat, alors que l'imagination est surexcitée et que le cœur tressaille, une harangue courte, simple et accentuée produira toujours le meilleur effet; mais il faut qu'elle soit exempte d'ambiguités, de réticences et qu'on n'y sente point les fleurs de rhétorique, il faut en un mot qu'elle ait l'allure fière et la touche hardie des Van Remoortere et des Du Guesclin.

BATAILLE DE LOUVAIN.

Elle (*la patrie*) est là-bas, dans le val foudroyé
Où retentit le bronze de la guerre,
Pour le soldat qui défend pied à pié
L'abord sacré de la vieille frontière !
    Alors, conscrit ou vétéran,
    Chacun lui prodigue sa vie ;
    Chacun s'écrie avec élan :
    « L'honneur est notre talisman,
    « Nous défendons notre patrie,
      « Notre patrie ! »
    Chansons. — Fragment. — A. DAUFRESNE.

I.

Au mois d'Août 1831, le régiment occupa les avant-postes dans la direction de Diest et assista à la bataille de Louvain.

Depuis deux mois seulement Van Remoortere était à la tête du corps quand les événements du mois d'Août 1831 éclatèrent comme un coup de foudre. Mais les hommes du caractère de notre colonel s'imposent rapidement ou plutôt sont accueillis avec empressement dans les circonstances où il faut payer d'audace, faire preuve d'intelligence, de patriotisme et surtout prêcher d'exemple. Ils sont d'emblée à leur place de bataille.

Son premier ordre du jour au régiment avait produit un immense effet ; le moment était venu de faire honneur à sa parole ; Van Remoortere pouvait-il y manquer ?... Quand on le vit à l'œuvre, c'est-à-dire plein de cœur et d'entrain guerrier, quinze jours suffirent au nouveau chef pour lui valoir la confiance, le respect et l'affection de tous. Dans la noble émulation de zèle et de dévouement que Van Remoortere stimulait autour de lui, il y avait quelque chose de grave et de touchant. Les anciens militaires, nos incomparables miliciens, nos hardis et nombreux volontaires en voyant leur colonel ne pouvaient s'empêcher de songer aux héroïques charges d'Eylau, d'Iéna, de Wagram, de la Moskowa, de Bautzen, des Quatre-Bras, où il avait brillé de tout l'éclat de sa jeunesse. Ils étaient impatients d'être conduits par ce guerrier vigoureux au devant de l'ennemi qui venait de franchir le sol sacré de la vieille Belgique !

Les hommes étaient animés des sentiments les plus élevés ; leur aplomb équestre n'avait d'équivalent que la vigueur de leur bras ; les chevaux eux-mêmes frémissaient sur leurs jarrets d'acier. Van Remoortere comprit bien vite quel parti il pouvait tirer de pareils éléments.

Comment n'aurait-il pas été, alors, le plus heureux des mortels ?

Le boute-selle pouvait sonner demain ; Van Remoortere allait voir revenir le glorieux temps où il avait appris à *sabrer* sous les ordres des Lasalle et des Murat, il allait guider pour la première fois au champ d'honneur un régiment belge !

Et nous, quel enthousiasme nous dominait ! N'espérions-nous pas, après l'enivrement de la victoire, tresser de nos jeunes mains une couronne de lauriers à notre digne et si aimé chef ? Oh ! réveillez-vous souvenirs du printemps de la vie ! Joies, exaltation généreuse, confiance dans ses semblables, désirs, espérances et déceptions enfouis au fond de mon âme, ma plume ne veut d'autres guides que vous dans la revue de mes plus chères années !

II.

Nous avons dit que le régiment était bivouaqué près de Louvain, hors de la porte de Diest; son 3ᵉ escadron fut détaché pour établir des grand'gardes et explorer la contrée au loin. On était au cœur de l'été; le ciel splendidement étoilé du mois d'août nous servait de tente. Des groupes joyeux et animés stationnaient autour des feux du bivouac; les cavaliers échangeaient la pipe de tabac, la croûte de pain ou la gourde de l'amitié; la plus grande partie des chevaux étaient sellés et attachés au piquet. Le qui-vive accentué des vedettes, le bruit confus des troupes stationnées dans les environs, le départ ou la rentrée des patrouilles, les abris pittoresques construits par les vieux soldats pour leurs officiers, l'arrivée soudaine d'une ordonnance, les alertes émouvantes reproduisaient les grandes scènes qui forment le prélude des combats.

Calme, mais plein d'un entrain guerrier, Van Remoortere circulait parmi les groupes accompagné de quelques officiers ; parfois il se mêlait au cercle des troupiers, ou bien il surveillait quelque détail du service, visitait les chevaux et prenait ses dernières dispositions pour le lendemain.

A son exemple, les jeunes officiers, plus confiants et plus familiers envers le soldat, comprenaient mieux alors que c'était de lui que dépendaient leurs succès et leur gloire. Oh ! la guerre quelle grande et salutaire école !

Et puis ! Quelle émotion indéfinissable remplissait les cœurs ! A ces heures solennelles pourquoi l'étoile semble-t-elle plus scintillante? Pourquoi le vent paraît-il l'écho des mélodies guerrières ? Pourquoi dans ce calme profond et recueilli de la nature une voix mystérieuse murmure-t-elle un appel à la bataille ? Pourquoi mille souvenirs, éveillés soudain, rappellent-ils d'une manière si vivante, les cheveux blancs de la vieille mère, les yeux bleus de la fiancée, l'antique clocher du village, le seuil chéri du toit natal ?

C'est que les soldats qui passent par ces émotions et ces *souvenances,* qui voient se dérouler ces imposantes scènes, qui scrutent leurs âmes avant de paraître devant Dieu, qui s'encouragent au devoir, qui vont faire si bon marché de leur sang et de leur vie sont à la veille de combattre pour tout ce qu'il y a de cher et de sacré ici-bas : pour la Patrie ! Et la patrie est en danger ! N'ont-ils pas fait le serment de mourir pour sa défense ou de repousser au loin ses envahisseurs !

> Les mânes des aïeux surgissent
> Sur le sol de la liberté ;
> Au milieu des rangs ils se glissent
> Parlant de gloire et de fierté.
> " Soldat, oui, dans une autre vie,
> " Celui qui meurt pour son pays
> " Retrouve sa chère patrie...
> " Ne crains pas la mort ; obéis ! "

La nouvelle du combat de Bautersem fut bientôt connue au bivouac. On racontait des merveilles de notre 12° régiment de ligne qui s'était si vaillamment comporté dans ces circonstances. Néanmoins, les hollandais, en force considérable, se dirigeaient sur Louvain, par la route de Tirlemont. Enfin, la vibrante sonnerie du boute-selle se fit entendre ! quel profond tressaillement dans tous les cœurs ! On allait monter à cheval pour courir sus à l'ennemi...

Pendant que le duc de Saxe-Weimar, grâce à l'incurie du général Niellon, traversait la Dyle à Weert-St-Georges et prenait position sur la montagne de Fer, le prince d'Orange, malgré une défense opiniâtre, parvenait à s'emparer des collines de Looweg, situées à l'ouest de Louvain. Son artillerie canonna vigoureusement le faubourg de Tirlemont; plusieurs boulets atteignirent notre bivouac, quelques hommes furent grièvement blessés et plusieurs chevaux tués sur place. C'était le moment si ardemment désiré....

Doué de cette intrépidité qui devient si heureusement contagieuse à l'heure suprême, attendant avec une impatience fébrile l'ordre de charger, Van Remoortere circulait au pas devant son régiment, non moins désireux que lui de voir étinceler les lames hors du fourreau. Sa démarche imposante, son geste animé, sa physionomie martiale accusaient bien l'audace et la confiance qui remplissaient son âme. D'une voix sonore il haranguait ses soldats ; jamais parole de tribun ne produisit un tel enthousiasme.

« — Chasseurs, nous ferons en sorte aujourd'hui que la Belgique soit fière de ses enfants ; elle compte sur notre dévouement à tous !

« — Notre regiment n'a pas encore d'étendard, tout à l'heure, en chargeant, nous en prendrons un à l'ennemi.

« — Chasseurs, que ceux qui échapperont aujourd'hui à vos coups de pointe soient forcés d'aller dire que rien ne peut résister à votre bravoure.

« — Un bon coup de sabre donné ou reçu pour la patrie c'est un titre de gloire ; mes enfants, j'espère que vous en ferez une bonne distribution avant ce soir.

« — Nul ne bronchera, n'est-il pas vrai ? Soyez braves, mes enfants, avant quatre jours nous mangerons la soupe à Breda.

« — Jeune homme, souvenez-vous que votre père était un vaillant soldat ; vous allez avoir une belle occasion de gagner vos éperons ! »

Et quand des hommes baissaient la tête au passage des boulets :

« Mes amis ne saluez pas si bas les boulets ; vous leur faites trop d'honneur. Croyez en votre vieux colonel : ils n'atteignent le plus souvent que les lâches... »

Le brave cœur !... Plusieurs fois Van Remoortere sollicita en termes énergiques l'honneur de charger avec son régiment, ce fut en vain ! Et cependant si l'on eût accédé à ses désirs, quel appui n'aurait-il pas donné, quels services n'aurait-il pas rendus à notre audacieuse et intelligente artillerie, placée sous les ordres de ces vaillants officiers qui s'appelaient Eenens, Soudain de Niederweert, de Ryckholt ?

Oh ! que ne dut pas souffrir ce noble patriote, ce soldat aguerri, ce cœur dévoué, lui qui pour la gloire s'était tant distingué sous Napoléon, lui qui pour l'honneur, avait été si grièvement blessé sous les alliés, lui qui espérait de toute son âme combattre pour la défense de nos foyers, et tout en donnant le glorieux baptême du feu à son régiment sceller de son sang l'affranchissement de la patrie !

Hélas ! pour lui et pour nous, à ce matin qui s'était levé si beau et si riche d'espérances, succédait une journée néfaste, un soir plein de mécomptes et de revers. En effet, par ordre du roi, l'armée belge dût battre en retraite vers Malines, et les Hollandais entrèrent à Louvain. Mais deux jours après, grâce à la puissante intervention de la magnanime France, le prince d'Orange fut obligé à son tour de regagner la Néerlande ; une armée française, commandée par le maréchal Gérard, pénétrait en Belgique et établissait ses avant-postes à trois lieues de Louvain, le jour même où le prince d'Orange s'en emparait.

APRÈS LOUVAIN.

Le patriotisme grandit, circule à tous les dégrés parmi les hommes qui portent l'épée : le dévouement les pousse, les fait agir comme le désir de la gloire les presse de tout sacrifier au bien public ; défendre la patrie devient un devoir sacré, par cela même un honneur.

Général Foy.

En face des exigences de la Hollande, les arrangements pris à Louvain au mois d'Août 1831, ne pouvaient être que provisoires. En effet, à partir de cette date jusqu'en 1839, les deux pays restèrent sur la défensive, armés jusqu'aux dents, dans un état de défiance et d'hostilité réciproques. Il en résulta que l'esprit de notre armée resta empreint de ce caractère belliqueux, si nécessaire à son tempéramment, à sa force et à sa conservation. Tous les vrais soldats, tous ceux qui avaient à cœur l'indépendance et la dignité de la patrie, vivaient dans la fièvreuse attente de la guerre, et, pendant cette longue période, nous sommes fiers de le proclamer, le patriotisme des belges brilla d'une splendeur réelle ; l'élite de nos populations se groupait sous nos étendards.

Les hommes d'état, les généraux, les vieux officiers entretenaient avec grand soin les traditions guerrières, le prestige du drapeau, la haine de l'étranger et le désir ardent de décider par l'épée du sort des deux nations rivales. Des éloquents patriotes tels que les Rodenbach, les De Brouckere, les de Mérode, les Gendebien, les Dumortier, etc., faisaient retentir la tribune de leurs protestations indignées et de discours inspirés par l'amour de la liberté. Puis, quels appels énergiques étaient faits à notre jeune armée par ceux à qui la Belgique avait confié ses destinées et son honneur! Nous en citerons quelques uns, choisis entre cent. Ils feront mieux saisir l'esprit et l'à propos de certains ordres de Van Remoortere.

« ORDRE DU JOUR.

« Soldats de l'armée belge,

« Le gouvernement provisoire a été satisfait du rapport de ses délégués auprès de vous; il vous le prouvera en s'occupant de vos besoins et en faisant droit à toutes les réclamations fondées sur d'anciens ou nouveaux services.

« Officiers, sous-officiers et soldats, le temps est revenu où chacun de vous pourra prétendre aux grades les plus élevés.

« La nation accueille avec fierté son armée régénérée; elle compte sur son dévouement : Soldats, vous saurez justifier sa confiance et mériter aussi l'estime de l'Europe. Rappelez-vous seulement que l'armée belge ne doit être qu'une armée libre et citoyenne, toujours prête à repousser la tyrannie de l'étranger et à protéger la liberté et l'indépendance de la patrie.

« Le gouvernement provisoire,
« (Signés) A. GENDEBIEN, SYLVAIN VANDEWEYER, FÉLIX DE MÉRODE, CH. ROGIER, JOLLY, J. VANDERLINDEN.
« Bruxelles, 3 décembre 1830. »

« ORDRE DU JOUR.

« Officiers et soldats,

« Vous avez répondu à l'appel de la Patrie, vous vous êtes organisés comme par enchantement pour voler au combat.

« Votre contenance ferme et courageuse obtient sa récompense ; les hollandais vont enfin reconnaître formellement et de fait, la liberté de l'Escaut ; cet avantage signalé, c'est à vous que la patrie en est redevable ; vos combats et vos démonstrations belliqueuses sous les murs de Maestricht, votre attitude menaçante dans la province d'Anvers et dans les Flandres ont imposé à l'ennemi. Vous avez conquis la navigation de l'Escaut.

« Soldats, je suis heureux d'être l'organe de la reconnaissance de vos compatriotes, si par la suite il faut encore recourir aux armes, ils ne peuvent douter, fiers de vos premiers succès, que la victoire vous abandonne.

« Il nous reste à prouver à la Belgique et à l'Europe entière que vous savez toujours tempérer votre ardeur et faire même succéder la résignation au courage lorsque le bonheur de la patrie le réclame.

« *Le commissaire général de la guerre,*

« (Signé) comte GOBLET.

« Bruxelles, 5 janvier 1832. »

FRAGMENT D'UN ORDRE DU JOUR.

« Si les Belges sont appelés de nouveau à combattre, ils prouveront tout ce qu'il y a d'élan et de force dans une armée vraiment nationale formée sous les grandes inspirations de la liberté et animée de l'amour de la patrie.

« *Le ministre directeur de la guerre,*

« (Signé) baron EVAIN.

« Bruxelles, le 28 mai 1832. »

« ORDRE DU JOUR.

« Le refus obstiné de la Hollande de retirer ses troupes derrière les limites que les traités lui ont assignées, était un acte permanent d'hostilité envers les cinq grandes puissances de l'Europe. Deux d'entre-elles se sont chargées du soin de le faire cesser. Dans ce but leurs flottes combinées viennent de mettre à la voile pour soumettre les ports hollandais à un blocus sévère, et aujourd'hui même une armée française dépasse la frontière belge. Sous peu de jours une marche rapide aura conduit cette armée devant la citadelle d'Anvers.

« Forcer la Hollande à reconnaître la loi de l'Europe, telle est la mission de l'armée française. De son côté l'armée belge conservera sa mission : celle de préserver notre territoire de toute agression, de garantir les personnes et les propriétés de toute atteinte.

« Cette tâche est belle, elle est nationale ; jamais il ne fut question de la confier à des mains étrangères. Le roi connaît le dévouement de l'armée et il compte sur elle. Si l'ennemi ose prendre une téméraire initiative, le roi en appellera à ses bataillons et il ne doute pas que l'on reconnaisse alors les successeurs de ces guerriers qui pendant une période glorieuse ont souvent partagé les mêmes périls et cueilli les mêmes lauriers que les Français.

« *Le ministre directeur de la guerre,*

« (Signé) baron EVAIN.

« Bruxelles, 15 novembre 1832. »

A notre profond, à notre immense regret, l'armée ne combattit point. Les calculs d'une diplomatie cauteleuse et égoïste, la pussillanimité de quelques uns des mandataires de la nation et surtout les tergiversations des grandes puissances, en furent les causes principales. Qui de nous n'a pas été douloureusement affecté et indigné à la lecture des filandreux protocoles des arbitres de la politique européenne et n'a pas répété cent fois ces fières paroles du noble représentant Rodenbach : *qu'on déchire ces protocoles et qu'on en fasse des cartouches !* Mais plus que tout autre, Van Remoortere, notre belliqueux colonel, éprouva rudement l'effet des amères déceptions qui succédaient à des espérances que l'on avait si ardemment caressées !

CONFRATERNITÉ MILITAIRE.

La guerre vous rendra un autre service bien important : celui de rappeler de l'exil la camaraderie. La fraternité d'armes est une passion si puissante, si pure, si élevée ! Les vrais soldats lui doivent tant de secours, tant de jouissances, tant d'élan, tant de gloire ! Que son culte une fois rétabli, vous complétera et effacera tous les pénibles souvenirs.

De Brack.

Nous fûmes souvent détachés aux avant-postes avec de l'infanterie. Bientôt la meilleure intelligence régna entre les deux troupes. Les officiers, notre digne colonel en tête, donnaient l'exemple de la cordiale camaraderie. Fantassins et cavaliers ne tardaient pas à les imiter; logés ou campés dans les mêmes localités, partant ensemble en patrouille, en mission, en reconnaissance, ils comprenaient l'importance et l'utilité des devoirs qui leur étaient prescrits; ne subissant aucune vexation, mais au contraire toujours soutenus et encouragés, ils s'efforçaient d'atteindre le but désiré. Ils étaient animés par le sentiment fécond de l'émulation. En unissant leurs efforts intelligents pour sauvegarder la frontière menacée, ils contribuaient largement à la sécurité et au bien-être général de l'armée. Tous, avec l'espoir de le pratiquer bientôt en face de l'ennemi, tous s'exerçaient avec ardeur au service le plus difficile et le plus important de notre métier : le service des armées en campagne.

Le stupide préjugé de la prééminence d'une arme sur une autre, si préjudiciable au véritable esprit militaire, ne tardait pas à disparaître. A ce sujet, que de fois, depuis lors, n'avons-nous pas souffert de voir quelques uns de nos jeunes camarades professer une sorte de dédain pour cette infanterie que De Barante appelle si justement la nation des camps! Ils n'avaient pas lu Alfred de Vigny, ce capitaine et grand poète qui lui rend un si brillant et légitime hommage, écoutez plutôt :

« Pendant 14 ans que j'ai vécu dans l'armée ce n'est qu'en elle, et surtout dans les rangs dédaignés et pauvres de l'infanterie, que j'ai retrouvé ces hommes de caractère antique, poussant le sentiment du devoir jusqu'à ses dernières conséquences, n'ayant ni remords de l'obéissance, ni honte de la pauvreté, simples de mœurs et de langage, fiers de la gloire du pays et insouciants de la leur propre, s'enfermant avec plaisir dans leur obscurité et partageant avec les malheureux le pain noir qu'ils payent de leur sang. »

Van Remoortere les connaissait bien, lui qui avait été élevé à cette rude école de la guerre. Il savait bien que sans eux les lauriers de la cavalerie eussent été rares à cueillir. Mais laissons-lui la parole, il complètera toute notre pensée à cet égard :

« Messieurs les officiers ainsi que la musique du régiment seront rendus demain à 10 heures à la porte de Bruxelles, pour aller à la rencontre de l'état-major et de deux bataillons du 2ᵉ chasseurs à pied qui vient tenir garnison à Malines.

« Je ne doute pas que les meilleures relations d'estime et de fraternité ne s'établissent bientôt entre le 1ᵉʳ et le 2ᵉ régiment de chasseurs ; tous les deux portent le même nom ou plutôt le même titre ; tous deux sont destinés souvent à marcher de concert à l'avant-garde et à échanger les premiers coups de fusil ou de sabre avec l'ennemi. Du reste, chasseurs, ne sommes-nous pas nés sur le même sol ? Ne sommes-nous pas tous les défenseurs de la même patrie ? Le roi fait-il une différence entre nous ? Non ; cavaliers, artilleurs, fantassins sont également ses enfants ; tous appartiennent à la grande et noble famille de l'armée.

« Chasseurs, rappelons-nous pour la rajeunir et lui donner un nouvel éclat, cette vieille devise belge : nous sommes tous un ; eux avec nous et nous avec eux. »

—

« Le chasseur B.... du 4ᵉ escadron et le grenadier J.... du 9ᵉ de ligne sont punis de 8 jours de prison militaire, pour s'être livrés entr'eux à une rixe violente dans le cantonnement placé sous mes ordres.

« Cette rixe, parait-il, aurait eu pour cause de faire prévaloir les avantages d'une arme sur l'autre. Ces soldats ont donc perdu de vue mes observations à ce sujet ? Je le répète, nous devons former une seule et grande famille, compacte et énergique, dont les services sont partagés et les dangers communs. Le but que nous nous proposons n'est-il pas l'honneur et la gloire de la patrie ? Comment pourrons-nous l'atteindre si nous manquons au premier de nos devoirs ; l'union entre les armes ?

« Que fantassins et cavaliers m'épargnent donc désormais le chagrin de devoir les rappeler aux sentiments de concorde et d'estime réci-proque qui doivent être à l'ordre du jour dans notre jeune armée. »

REMISE DE L'ÉTENDARD.

Chansons. — Fragment. — AUGUSTE DAUFRESNE.

Ce fut à Malines, en 1833, que le roi vint passer la revue du régiment et qu'il lui fit la remise de son étendard, auquel, disait-on, la reine Louise-Marie, de si touchante mémoire, avait travaillé de ses royales mains. A cette occasion la verve guerrière de Van Remoortere, son mâle patriotisme s'épanchèrent dans un discours au roi dont nous avons tous conservé le précieux souvenir :

« SIRE,

« L'honneur insigne que vous faites au 1ᵉʳ régiment de chasseurs à cheval en lui confiant ce noble étendard, nous comble de joie et de fierté. N'en doutez point, Sire, l'amour le plus ardent, le dévouement le plus complet lui serviront d'escorte. Ah ! puissions-nous bientôt, sous les yeux de votre majesté, lui donner le baptême du feu et de la gloire et jamais plus beau jour n'aura lui pour nos cœurs. J'ose vous en faire le serment, Sire, le dernier de mes chasseurs aura mordu la poussière avant que l'ennemi n'ait profané de sa main cet emblême sacré de l'honneur et de la patrie ! »

Et se tournant vers ses hommes, Van Remoortere élevant son sabre en l'air et dans une attitude superbe d'énergie et d'enthousiasme s'écria : « n'est-il pas vrai, mes enfants ? » Et les cris cent fois répétés de : « oui, oui ! Vive le roi ! » ratifièrent de la part de ces braves soldats le serment solennel que venait de faire leur chef.

Cette apostrophe émouvante ne sera peut-être plus du goût de notre génération sceptique et positive. Mais, il faut se reporter à l'esprit de cette époque, époque de luttes et d'espérances, pour en comprendre la véritable éloquence. Pour nous qui l'avons recueillie, nous savons combien nos cœurs battaient en écoutant notre digne colonel. Oh ! voix de l'honneur ! antique loyauté ! harmonie des actions et de la parole ! C'étaient vous que nous entendions... Oui ! nous savions, à n'en point douter, que ce langage impétueux, ce serment de mourir pour l'honneur, pour les intérêts sacrés de la patrie, en défendant le drapeau national étaient la fidèle interprétation d'une âme héroïque !

Nous savions encore mieux que pour donner une sanction éclatante à ses paroles notre brave colonel se serait précipité, le front haut, au devant de la mort et n'aurait pas hésité une seconde à verser son sang pour son pays. Nous dirons plus ! Van Remoortere restant à la tête du régiment aurait communiqué à ses hommes le désir et la volonté de tout sacrifier pour la gloire de notre Belgique. Quand on est convaincu on convainc, quand on donne l'exemple on entraîne. Les accents de l'âme seuls ont le pouvoir de faire vibrer les cœurs.

ORDRES ET RECOMMANDATIONS[1].

Un supérieur est un père de famille, dont l'autorité doit être également majestueuse, ferme, douce et polie, et qui, par le tendre intérêt qu'il prend à ses enfants, qui sont ses inférieurs, doit se concilier leur respect, leur obéissance et leur affection.

Comte de Saint Germain.

Nulle part nous n'avons rencontré de chef, qui, comme conseil, pouvait rivaliser avec Van Remoortere. Quel tact, quel à propos et surtout quelle bonté dans les observations qu'il faisait à ses subordonnés ! De fait, c'est bien là le langage digne et sensé d'un père qui connaît les besoins, les passions, le caractère, la nature impressionnable du soldat ; d'un père qui tient essentiellement à l'honneur et à la bonne réputation de sa grande famille militaire. Oh ! comme il sentait bien qu'il avait charge d'âmes, ce brave Van Remoortere !

---

(1) Nous n'avons pas le prétention de présenter tous les ordres de Van Remoortere comme des modèles de style et d'éloquence. Notre but est de prouver à l'encontre de l'opinion de ceux qui le dépeignent comme un sabreur, et rien que cela, que cependant ce sabreur entrait dans les détails les plus minutieux de ce qui constituait la base, l'âme de la cavalerie.

On verra d'après ces ordres que rien de ce qui pouvait contribuer au bien-être ou à la dignité du soldat, à l'entretien et à la conservation du cheval n'échappait à la claire prévoyance de celui auquel notre cœur a voué un culte filial et religieux.

Pour atteindre le but qu'il se proposait, notre colonel ne dédaignait pas de mettre du sentiment dans ses ordres. Son style était du reste toujours approprié au caractère, à l'entendement et aux mœurs des soldats de cette époque.

Il était pénétré de cette vérité philosophique que la seule force capable de produire quelque chose de grand émane du cœur. Il s'ingéniait à développer chez ses soldats la noble passion du devoir et c'est ainsi qu'il parvint à élever à un si haut dégré le niveau moral et intellectuel de son régiment. Il était convaincu que pour se faire obéir, il faut d'abord se faire aimer et que la véritable discipline est basée sur l'affection et l'estime pour ses chefs.

Aussi quelle attention la troupe prêtait à la lecture de ses ordres ! Après cette lecture, qui devenait l'objet de leurs conversations, les chasseurs faisaient des réflexions et des commentaires ; en somme, ils en gardaient une impression profonde et durable, féconde en enseignements et en bonnes résolutions. C'est ainsi que Van Remoortere recueillait au centuple le bon grain qu'il avait semé.

—

« Plusieurs chasseurs recevront demain le montant de leur décompte semestriel.

« Je leur recommande de nouveau de ne pas légèrement dépenser en excès de boissons ou autres cet argent qui est certainement le fruit du grand soin et de la propreté que les ayant-droit ont apporté dans l'entretien de leur tenue. Dès lors pourquoi gaspiller en quelques heures ce qu'on a mis six mois à économiser et à mériter par une louable conduite ?

« Chasseurs, il en est parmi vous plusieurs dont les parents sont dans le besoin ; les oublierez-vous ? Je ne le crois pas. Un bon soldat est toujours un fils reconnaissant et dévoué. »

« Le chasseur J.... est puni de 8 jours de salle de police pour, ayant mis pied à terre à la sonnerie du repos, avoir donné des saccades dans la bouche de son cheval et l'avoir fait reculer avec violence.

« Ce brutal cavalier ne sait donc pas que forcer un cheval à reculer avec précipitation c'est l'exposer à ruiner ses jarrets, tout en lui infligeant le plus rude supplice ? »

—

« Les chasseurs M... et H... se sont battus étant légèrement pris de boisson, ils seront punis de 15 jours de consigne.

« Je vois avec douleur, au moment où nous allons entrer en campagne, à la veille de combattre les ennemis de notre chère patrie, que la concorde et l'intelligence ne continuent pas à règner dans mon régiment. Je déclare qu'un vrai soldat n'a pas le droit de disposer en ce moment de son sang, qui appartient en entier à sa patrie et ne doit être versé que pour elle.

« J'espère que tous mes chasseurs comprendront cette voix de l'honneur et m'éviteront désormais la peine que j'éprouve en apprenant de tels excès. »

—

« Les chasseurs D.... et C.... sont punis de 4 jours de cachot pour avoir conduit deux recrues dans des lieux mal famés et les avoir pour ainsi dire obligés de dépenser en excès de boisson l'argent qu'ils venaient de recevoir de leurs parents. Je ne savais pas que de pareilles gens se trouvaient au régiment ; je les préviens que j'aurais l'œil sur eux.

« En attendant, j'engage, non seulement les recrues, mais tous ceux qui aiment l'honneur et le devoir à fuir la société de tels individus ; vicieux, ils cherchent à corrompre les bons pour les ravaler à leur déplorable niveau. Que les chasseurs se rappellent que le mauvais exemple est plus contagieux que la lèpre. »

—

« J'ai remarqué avec beaucoup de déplaisir que des officiers ne se donnent pas la peine de rendre au soldat son salut ; que des officiers ou sous-officiers manquent entr'eux de procédés quand ils se rencontrent. J'invite sérieusement chacun en ce qui le concerne, à se conformer à ce qu'exige d'eux la discipline et les égards que l'on se doit comme homme. »

—

« A l'avenir et deux fois par semaine les sabots des chevaux seront graissés avec de la graisse faite à l'infirmerie sous la surveillance du vétérinaire. La fourchette et le talon doivent être particulièrement graissés ; on aura soin de bien laver le sabot avant cette opération, qui est de la plus grande importance. Les pieds du cheval sont au cavalier ce qu'une bonne chaussure est au fantassin. »

—

« Je réitère mon ordre concernant les collets d'habit et de veste ; pendant les fortes chaleurs ils ne doivent pas être agraffés. Cela expose l'homme aux congestions et à l'ophtalmie. »

—

« Etant prévenu indirectement que malgré l'invitation adressée dans le temps à MM. les officiers de ne plus s'adonner aux jeux de hasard qui finissent souvent par compromettre gravement leur honneur et leur avenir, quelques uns continuent de jouer ; je réitère mes ordres à ce sujet, et je suis persuadé que ces M^{rs}, m'éviteront le désagrément de les punir sévèrement s'ils y contrevenaient encore. »

—

« Les armes sont trop souvent démontées, il en résulte pour les hommes des réparations coûteuses et inutiles ; elles doivent être huilés avec soin, particulièrement les batteries. »

—

« J'ai encore remarqué que malgré mes ordres plusieurs cavaliers ne saluent leurs supérieurs que lorsqu'ils les ont dépassés. Que cela n'arrive plus à l'avenir. La déférence envers nos chefs est toujours une preuve de discipline intelligente et d'une bonne éducation militaire. »

« Les hommes qui désirent me parler pour des réclamations ou autre cause peuvent toujours le faire après en avoir fait la demande au rapport. Je le répète encore, le premier de mes devoirs est de rendre justice à tout le monde. »

—

« Le roi restera au camp pendant trois jours. Les chasseurs auront donc l'honneur de se trouver momentanément sous les yeux de S. M. J'aime à croire que pendant tout ce temps, je n'aurai qu'à me louer de leur conduite, de leur tenue militaire et de leur discipline. »

—

« Je ne doute nullement que le régiment pendant le séjour qu'il doit faire à Bruxelles, ne persévère à tenir une conduite digne de lui et de ses antécédents. Comme il est probable que les chasseurs trouveront dans la capitale beaucoup de connaissances et d'amis qui les engageront à boire, je les invite à faire attention que la bière y est forte et capiteuse ; qu'ils en prennent donc avec modération.

« Je prie MM. les officiers et sous-officiers pendant notre séjour dans la capitale de veiller constamment à la bonne tenue des hommes ainsi qu'à tout ce qui regarde l'intérêt du service et l'honneur du régiment, dont tous, depuis le premier jusqu'au dernier, nous sommes responsables et solidaires. Continuons, chasseurs, à mettre tout en œuvre pour maintenir la discipline et la bonne renommée du corps.

« Les chasseurs seront probablement logés chez leur compatriotes ; je me flatte qu'ils ne seront ni exigeants, ni malhonnêtes envers leurs hôtes. N'ayant jusqu'à ce jour pas encore reçu de plainte à cet égard, j'ose compter qu'il en sera de même à Bruxelles. »

—

« J'ai constaté qu'aux appels les ordres sont lus avec trop de précipitation ou de négligence ; j'engage les maréchaux-des-logis-chefs et fourriers à les lire à haute et intelligible voix, et lentement, afin de se faire mieux comprendre. Les ordres sont toujours l'interprétation exacte des réglements, des devoirs, de la discipline et des sen-

timents du chef qui les donne. A ces titres ils doivent être respectés
de tous. »

—

« Je vois avec tristesse se renouveler quelques rixes graves dans
mon régiment. Les chasseurs ne doivent pourtant pas ignorer qu'elles
portent atteinte au véritable esprit militaire et à la considération du
corps. J'engage vivement les chasseurs à réserver leurs coups de sabre
pour l'ennemi. C'est sur le champ d'honneur que je les leur verrai
prodiguer avec autant de plaisir que j'éprouve de peine à les voir
donner ici. »

—

« Je suis heureux de porter à la connaissance du régiment toute
la satisfaction que le roi a éprouvée et manifestée envers lui. Il a
surtout admiré le bon état des chevaux, la tenue vraiment militaire du soldat, le calme et l'immobilité qui n'ont cessé de régner
dans nos rangs. Je le répète, il ne nous reste que peu de difficultés
à vaincre pour parvenir à un degré d'instruction qui ne laisse plus
rien à désirer. Pour arriver à ce beau résultat, j'aime à croire que
les cadres me seconderont en continuant à servir avec ce zèle et ce
dévouement qui leur ont mérité toute mon estime. »

—

« Le régiment devant aller remplacer le 1ᵉʳ de Lanciers à la
frontière, je le préviens que je signalerai au général les hommes dont
je serai mécontent. Dans cette catégorie figureront en première ligne
ceux qui négligent leurs chevaux et que, par conséquent, je regarde
comme indignes de faire partie d'un escadron de guerre. Je les
proposerai pour passer dans une compagnie sédentaire. »

—

« C'est avec une profonde peine que je vois se renouveler au régiment
quelques vols de chambrée. De tous les crimes le vol est certes le plus
avilissant et le plus odieux. Les vols de l'espèce que je signale sont

d'autant plus coupables qu'ils se commettent dans une caserne où tout étant commis à la garde de chacun, devrait conséquemment être d'autant plus sacré.

« Comment est-il possible que des hommes qui portent un uniforme aussi respectable que le nôtre, puissent le déshonorer par des actions aussi dégradantes ? J'aime à croire que les chasseurs comprendront la force et la justesse de mes expressions et que je n'aurai plus de faits de cette nature à signaler. »

—

« Le chasseur U... s'est suicidé. Je regrette peu ce malheureux, car il a manqué du véritable courage qui doit distinguer un soldat; mais je plains sa famille.

« Chasseurs, avant tout, un soldat se doit à sa patrie. Il est beau, il est grand, il est glorieux de braver le trépas pour la défendre, dans ce moment surtout où, du jour au lendemain, elle peut faire appel au dévouement de tous ses fils. Or, se soustraire à ce devoir sacré par une mort honteuse et obscure, n'est-ce pas déserter le devoir, n'est-ce pas commettre la plus grande lâcheté ? »

—

« Je rappelle aux chasseurs ma défense expresse d'aller se baigner isolément; c'est pour l'avoir enfreinte que le chasseur P.... — très bon sujet et brave soldat du reste — vient de périr victime de son imprudence.

« J'invite MM. les officiers ainsi que tous les hommes qui font partie du cantonnement à assister demain à 8 heures au service que les parents de ce malheureux chasseur font célébrer pour le repos de son âme. »

—

« Malgré mes dernières représentations, un vol de chambrée a de nouveau été commis hier. Heureusement le coupable, le chasseur B.... a été pris sur le fait; ce mauvais sujet sera immédiatement traduit devant le conseil de guerre qui, je l'espère, en délivrera le régiment.

5

Ce misérable a donc oublié qu'il avait des parents dont la seule richesse peut-être était la probité qu'il vient de fouler aux pieds? Voleur! peut-on bien se figurer une épithète plus ignominieuse? Eh bien, chasseurs, elle reste attachée au nom, au souvenir du coupable aussi longtemps que la marque d'infamie appliquée avec un fer rouge sur l'épaule du forçat! Ni le repentir, ni le retour à une conduite plus régulière, ni même un acte de dévouement ne peuvent faire oublier cette épithète flétrissante de voleur!

« Chasseurs, l'horreur que ce crime m'inspire, vous la partagez, j'en suis certain. »

———

« Je préviens le régiment qu'étant à la veille de rentrer en campagne, non seulement je punirai de 14 jours de prison ceux qui manqueront à plus de trois appels, mais je les démonterai et les ferai passer au dépôt. Un chasseur qui peut se décider à abandonner son cheval un seul jour est indigne d'en avoir et me prouve par là qu'il ne peut être qu'un mauvais soldat. »

———

« L'observation des règles de la discipline avait jusqu'à présent été l'un des premiers titres à la bonne renommée du régiment. Ce n'est donc pas sans douleur que je viens d'apprendre qu'une atteinte grave lui a été portée ce matin même.

« Le chasseur J... a eu l'audace, étant légèrement pris de boisson, non seulement d'injurier son brigadier, mais de le frapper au visage, alors que celui-ci lui ordonnait de quitter un cabaret où il causait du scandale. Dès aujourd'hui, cet homme, si gravement coupable, attendra en prison l'arrêt du conseil de guerre.

« Chasseurs, est-il besoin de vous rappeler que le respect envers vos chefs constitue l'un des premiers éléments de la discipline et qu'un brigadier, aussi bien qu'un général, représente l'autorité légale sans laquelle il n'y a pas d'armée possible? Or, frapper un chef, c'est outrager l'autorité, c'est s'affranchir du devoir, c'est déserter l'honneur, c'est en un mot vouloir frapper la discipline au cœur.

« La propreté est presque toujours l'indice d'une bonne conduite et du sentiment de l'ordre chez le soldat; c'est de plus une qualité éminemment belge; nous devons faire tous nos efforts pour la maintenir en honneur. Le chasseur qui n'a pas le plus grand soin de ses armes et de son cheval est indigne de monter celui-ci et de porter celles-là. »

—

« Nous allons, de nouveau être logés chez nos compatriotes; n'oublions pas que nous sommes, comme avant, tenus à beaucoup d'égards envers eux, d'autant plus que les exigences militaires les obligent souvent à une certaine gêne dont nous devons leur tenir compte. Nous avons pour mission de les protéger et de les défendre au besoin; dès-lors, ne serait-il pas indigne de chercher à leur nuire lorsqu'ils nous donnent de bon cœur l'hospitalité? Du reste, j'ai toujours vu qu'un soldat qui se respectait était certain d'être bien accueilli partout.

« La bonne conduite que nous tiendrons, je l'espère, dans les cantonnements que nous allons occuper, augmentera la considération dont nous jouissons déjà; elle nous méritera plus de bien-être et de sympathie, elle engagera les habitants à bien recevoir les troupes qui pourraient nous remplacer et enfin elle nous vaudra d'honorables souvenirs. »

—

« Des plaintes m'étant parvenues relativement à un factionnaire du régiment qui n'a pas rendu les honneurs à un décoré de Septembre, et s'est même permis de partir d'un éclat de rire en lui tournant le dos, je préviens le régiment que j'envisage ce fait non seulement comme un acte d'insubordination, mais comme un outrage fait à la patrie. Notre Belgique n'oubliera jamais que c'est aux braves de Septembre qu'elle est redevable de son indépendance nationale.

« Si je connaissais l'auteur de ce délit, je le traduirais immédiatement devant un conseil de guerre. »

RAPPORT DES DIMANCHES.

Ce n'est pas facile de clore en peu de mots beaucoup
de sens.

P. L. COURRIER.

Le dimanche matin les maréchaux-des-logis-chefs présentaient
au colonel les hommes qui avaient subi des punitions graves
pendant la semaine. Voici à peu près dans quels termes il
s'exprimait à cette occasion.

« La plupart d'entre vous ne se rendent pas un compte exact de
l'importance, de l'effet et surtout des suites funestes d'une punition
grave. Quelques uns se disent : j'ai commis une faute, c'est vrai, mais
la punition que je viens de subir l'expie en quelque sorte. Baste ! mes
chefs et moi l'auront bientôt oubliée. Ceci est vrai en partie, vos
supérieurs ne peuvent vous garder rancune ou revenir sur une faute
commise, mais vous perdez de vue que votre punition est inscrite dans
un livre qui reste toujours dans les archives du corps. Ce livre ne
pardonne point et n'oublie jamais. La date, le genre et les motifs de la
punition que vous avez encourue y restent gravés en caractères
indélébiles. L'extrait qui concerne chaque homme le suivra inexora-
blement dans tout le cours de sa carrière. Heureux ceux qui ont leur
page en blanc dans ce terrible livre !

« C'est par cet extrait que l'on jugera de votre caractère, de vos
inclinations, de toute votre conduite passée. Les punitions disci-

plinaires, les condamnations du conseil de guerre y figurent en toutes lettres. Si vous changez de corps, il précédera votre arrivée et vos chefs vous connaîtront avant de vous avoir vu. Si, pour votre malheur, on vous traduit devant un conseil d'enquête ou de guerre, cet extrait sera de nature à aggraver le délit que vous aurez commis. Si vous quittez le service et que vous avez besoin de solliciter une place quelconque, c'est encore et toujours cet extrait qui me sera demandé et s'il est noirci par des punitions du genre de celles que vous venez d'encourir, eh bien ! vous serez éconduit sans pitié. Et alors, quels ne seront pas vos chagrins, votre honte et vos regrets? Mais il sera trop tard de vous repentir !

« Si l'homme qui se fait souvent punir, ne court pas toujours à sa perte, il n'en est pas moins malheureux ; tout lui est à charge : son service, le devoir, ses chefs et même ses camarades, car les bons le fuient et il sait, par instinct ou par certitude, que les autres ne valent pas mieux que lui. Il ne peut plus espérer de l'avancement, de la considération, des égards ; il se sent dans une position fausse, il est la honte de sa famille, il perd l'estime de lui-même !

« Quelle différence avec ce fier soldat qui se conduit bien, qui se respecte et qui est cité comme un exemple par ses chefs !

« La peine que vos officiers éprouvent de devoir sévir contre vous, quand il le faut, est réelle autant que vive. Mais quoi ! par orgueil, ou entêtement parfois, vous méprisez leurs conseils et vous vous imaginez que vous les bravez ! Imprudents ! n'êtes-vous donc pas toujours les premières victimes de votre légèreté, de votre présomption ou de votre inconduite ?

« Chasseurs, réfléchissez à mes paroles ; je dis toujours la vérité ; songez à votre avenir, à vos vieux parents ; revenez franchement aux sentiments du devoir et de ce vieil honneur dont je ne cesse de faire l'éloge. Tout peut se réparer encore, avec du cœur les obstacles disparaissent. Corrigez-vous donc, j'aurai du bonheur à vous dire : à présent je suis content de vous ! »

TACTIQUE ET MANŒUVRES DE LA CAVALERIE.

Les promesses des démolisseurs ne m'ont pas persuadé que leur palais de l'avenir puisse valoir mon temple du passé.

DE CUSTINES.

Car nous n'avons point voulu faire comme aucuns font aujourd'huy, qui nous voulans persuader de faire sortir quelque œuvre nouvelle, ne font autre chose que changer celle de tels autheurs, et bien souvent d'une chose bien faite, font ce qui ne vaut du tout rien, en y ostant en tel lieu, et en un autre y adjoustant quelque chose, la rendent ainsi d'une autre façon, côlent le nom de l'autheur, y mettent le leur propre, ou un autre fainct et supposé, afin qu'estant prins pour chose nouvelle il soit tant mieux vendu cherchant ainsi par tous les moyens de tirer de l'argent d'un chascun, par leurs beaux tiltres qu'ils ont tissus, embrouillant cette science et la réduisant à un tel labyrinthe que quasi l'on n'en peut sortir.

ORTELIUS,
le célèbre géographe anversois.

Entreprendre la biographie du général Van Remoortere c'était inévitablement nous imposer la tâche — bien agréable, sans doute, mais un peu scabreuse — d'effleurer les diverses questions qui se rattachent à la cavalerie. Van Remoortere n'était-il pas le cavalier par excellence? Ah! peu d'officiers ont plus aimé et mieux compris cette arme d'élite! Notre biographie a donc pour but, tout en faisant ressortir les admirables qualités militaires de Van Remoortere, d'attirer l'attention de nos lecteurs sur le véritable esprit de cette arme, sur la science du détail, sur le goût ardent et intelligent du cheval, sur la manière dont il faut s'y prendre pour avoir des cavaliers alertes, intelligents, soigneux de leur monture, confiants dans leurs chefs et épris de leur profession, en un mot sur la nécessité de revenir aux tant vieux principes, si dédaignés de nos jours. Eh ! qui donc pourrait nous contester que l'exemple de Van Remoortere peut servir de leçon et d'enseignement dans une foule de circonstances analogues ? Ne fournit-il pas, dans ses ordres, dans ses discours, de merveilleux conseils pour atteindre ce beau résultat ? En les suivant avec discernement et méthode, on rendra la vigueur, l'esprit viril, l'allure guerrière et la vie à une arme qui périclite fortement.

Ce travail était en bonne voie d'achèvement quand je reçus de mon loyal ami, le major A. Lemoine, une lettre dont j'extrais le paragraphe suivant :

« C'est dans cet ordre d'idées que j'ai conçu mon *Guide du soldat* (1). Je me disais, mais dans les derniers temps surtout, tout le monde écrit pour les érudits qui n'en ont que faire ; tactique, organisation, stratégie, etc., tout est à refaire, à démolir, à perfectionner, dit-on ; c'est un steeple-chase aux innovations (2).... Après réflexion, je me suis figuré des maçons commençant un édifice par le toit. On veut perfectionner l'objet sans songer à l'amélioration de l'instrument, et voilà comment, mon cher Auguste, j'ai été amené à écrire pour celui-ci. »

---

(1) Depuis bien longtemps nous n'avions lu un travail plus clair, plus substantiel et plus pratique que le guide du soldat. Il se recommande au cavalier autant qu'au fantassin. Écrit avec cœur et talent il dénote cet amour ardent du métier, cette estime profonde du soldat, cette connaissance du *détail*, ce rare bon sens qui fait le plus bel éloge d'un officier.

(2) « L'homme ne s'accoutume point à des changements continuels ; ils lui inspirent de la défiance, souvent du mépris pour leurs auteurs, qui eux-mêmes, par là, donnent des preuves de leur légèreté et de leur incapacité. Il faut des règles sages et fixes pour tous les objets, sans cette précaution nécessaire le même homme n'aura qu'une conduite incertaine et nulle suite dans sa marche. »

Le comte DE St-Germain.

Cette opinion a toujours été la nôtre ; et ce travail en sera une nouvelle preuve.

Mais alors, nous objectera-t-on, à quoi bon votre titre *Tactique et manœuvres de la cavalerie ?*

Dans notre *Biographie du maréchal de Luxembourg* et dans notre étude *sur les manœuvres de la cavalerie,* publiées en 1873, nous avons écrit et développé nos idées à ce sujet. Si nous y revenons aujourd'hui, c'est pour rendre un nouvel et éclatant hommage aux généraux et aux colonels qui ont organisé, instruit et dirigé, — selon les règles de la saine tactique — notre cavalerie de 1831 à 1839.

Citons d'abord l'instruction générale donnée en octobre 1832, par le lieutenant-général français Desprez, alors chef d'état-major de notre armée. Cette instruction a été du reste, en grande partie, inspirée par feu le roi Léopold Ier ; c'est un véritable cours de tactique.

« Le roi croit plus nécessaire de modérer que d'exciter l'ardeur de la cavalerie ; il rappelle aux généraux qui la commandent et aux chefs de corps qu'une charge ne doit être tentée qu'avec la probabilité du succès ou lorsqu'elle peut avoir d'importants résultats, comme l'enlèvement d'une batterie aventurée, ou la défaite d'une infanterie déjà ébranlée.

« Il est d'une grande importance qu'avant de charger on ait fait reconnaître par quelques cavaliers braves et intelligents le terrain sur lequel on doit se porter ; souvent des obstacles qui, à quelque distance, échappent à la vue arrêtent brusquement la marche de la cavalerie. Quelquefois les plaines les plus unies en apparence sont coupées par de profondes ravines ; les obstacles de cette nature peuvent faire perdre à la cavalerie l'occasion de se distinguer.

« Les escadrons resteront formés *en colonne serrée* tant qu'il ne sera pas nécessaire de les déployer. En général, le danger de cette formation pour la cavalerie a été exagéré. Dans quelques batailles célèbres les troupes en masse ont fait proportionnellement des pertes

en moindre quantité que celles qui étaient déployées. On doit l'attribuer à la facilité avec laquelle elles changent de direction pour
s'écarter de la direction des boulets ennemis et profiter de tous les
abris qu'offrent le terrain.

« Un des principaux devoirs des officiers de cavalerie doit être de
ménager les chevaux et de ne disposer que dans les actions décisives
de tout ce qu'ils ont de force et d'ardeur. Les mouvements au galop
ne seront prescrits que lorsque les circonstances l'exigent.

« Toutes les fois qu'ou pourra le faire sans danger les cavaliers
mettront pied à terre.

« La cavalerie, plus encore que l'infanterie, restera éloignée des
points où elle serait sans but aux prises du feu d'artillerie ennemie.

« Destinée à soutenir une batterie elle évitera d'autant plus de s'en
approcher qu'elle peut franchir les distances avec rapidité ; au reste
les batteries étant généralement établies sur des éminences, presque
toujours le relief du terrain offrira près de leur emplacement des
positions favorables à la cavalerie. »

Et l'on s'étonnerait, après de pareils témoignages de bon sens,
d'esprit, de justesse de pensée et de style, de science guerrière
que nos prédilections appartiennent à ceux qui pensaient, écri-
vaient et agissaient dans ce magnifique ordre d'idées ?

Mais encore un mot sur notre tactique d'*Alors*.

Le général Duvivier insistait, comme Van Remoortere, sur les
marches en bataille aux allures vives, l'école des tirailleurs et les
ralliements rapides.

Le général De Brias recommandait tout spécialement l'instruction individuelle à cheval, la pratique du détail et la progression
dans toutes les écoles.

Le général De Marneffe voulait du service des avant-postes et
de la décision dans les manœuvres.

Maintenant je demanderai à tout homme de jugement si
ces règles de tactique ne suffisaient pas largement à notre
arme ?....

Mais voulez-vous l'opinion de la plus pure, de la plus grande illustration militaire de la France actuelle sur la tactique que, selon lui, on devrait adopter dès maintenant dans la cavalerie française? Eh bien, je vous citerai quelques passages de l'allocution adressée par le maréchal Mac-Mahon, président de la République française aux officiers de l'école de cavalerie de Saumur :

« Il est nécessaire, Messieurs, que vous vous livriez avec ardeur à ces nouvelles études. *Nous avons oublié les Traditions* de la grande guerre et l'art de manier les grandes masses de cavalerie. »

Puis, après avoir parlé du rôle que la cavalerie française a joué dans les guerres d'Afrique, le maréchal poursuit :

« Mais il faut revenir aux *Traditions;* elles viennent de *nous* (1) et
« c'est en combattant avec nous *que les puissances militaires les*
« *ont acquises.* Dans les guerres du premier empire, Murat et sa
« cavalerie se lançaient à huit ou dix lieues en avant de l'armée,
« souvent même à huit ou dix jours de marche.

« Dans la dernière guerre, nous avons toujours été mal éclairés, à

______

(1) C'est notre avis depuis longtemps. En 1873 nous écrivions dans notre Biographie du maréchal de Luxembourg : — Cette tendance, à attribuer aux Allemands une prépondérance marquée dans l'art de la guerre, est signalée par De la Barre du Parcq, dans ses Portraits militaires : « Turenne, dit-il, remit en crédit un ordre de bataille connu des anciens : cet ordre fut le plus souvent l'ordre oblique avec débordement de l'aile ennemie. Et c'est pourquoi, il a droit à une grande part des éloges prodigués dans le siècle suivant, à Fréderic-le-Grand pour sa prétendue invention de l'ordre oblique... »
En général, tout ce que les français ont eu l'air ou la manie d'emprunter aux étrangers était chez eux. L'amour de la nouveauté les a portés beaucoup trop loin dans le choix de leurs systèmes.
« Jusqu'au règne de Fréderic II, dit le comte de la Roche Aymon, les armées françaises avaient servi d'exemple à toutes les armées de l'Europe, elles avaient hérité de cette prééminence des troupes espagnoles, qui les premières, avaient mérité l'honneur d'offrir longtemps des modèles à toute l'Europe. Depuis lors les armées françaises ont reconquis cette glorieuse et antique prééminence ; c'est une des prérogatives de la victoire, de voir son influence survivre aux désastres mêmes qui la suivent.

« peu d'exceptions près, bien que quelques progrès aient été faits à la
« suite de la campagne de 1859.

« Je vous le répète donc, il faut en revenir aux *Traditions*; pour
« cela, Messieurs, il faut de l'étude et du travail. »

Avec quelle insistance le maréchal fait ressortir la nécessité
de *revenir aux Traditions!* C'est-à-dire aux règles du goût, de
l'art, de la méthode, des principes des anciens. Comme il se garde
bien de s'aventurer sur le dangereux et glissant terrain des
innovations! Quelle leçon pour nos fantaisistes!

Ah! nous ne sommes ni stationnaire ni rétrograde, mais en
fait d'innovations heureuses, quand ou nous cite, entr'autres,
celles de l'emploi de la cavalerie dans les pointes hardies dont
les guerres d'Amérique et de 1870-71 donnent de si mémorables
exemples, ma foi, nous haussons les épaules et nous disons que
ces prétendues innovations prennent leur source dans les *Traditions*, auxquelles le maréchal Mac-Mahon convie l'armée française
de revenir franchement. Est-il besoin de rappeler qu'à Fleurus
et à Neerwinden le maréchal de Luxembourg, à la tête de sa
cavalerie, précédait son armée de 8 à 10 lieues? Et voulez-vous
que nous mettions en ligne un autre magnifique parallèle? Quoi
de comparable, s'il vous plaît, à la poursuite à outrance de
Murat, immédiatement après la célèbre bataille d'Jéna? Oh! les
Prussiens ne l'ont pas oublié ce steeple-chasse ardent qui avait
pour but la conquête de leur capitale et de la vieille Allemagne!..
Et la preuve c'est qu'il leur a servi de rudiment en 1870-71.

CHEVAUX.

Le bon état des chevaux, leur entretien, leur nourriture, leurs écuries, leur conservation, la ferrure, le harnachement étaient l'objet des préoccupations constantes de Van Remoortere. Nous extrayons des instructions et des ordres donnés de 1831 à 1841 les passages suivants. Les judicieuses recommandations qu'ils renferment sont dignes d'être suivies dans une foule de cas par l'officier de cavalerie qui a son métier à cœur.

« Jé félicite beaucoup MM. les commandants d'escadron sur le bon état de leurs chevaux ; à part deux ou trois ferrures qui laissent à désirer et le peu de soin que deux ou trois chasseurs ont mis à faire la toilette de leurs montures, j'ai été extrêmement satisfait de mon inspection. C'est une preuve évidente des soins particuliers et intelligents que l'on donne à cette partie essentielle du matériel, qui, comme je ne cesse de le répéter, fait la principale force de toute bonne cavalerie. »

« Pendant les pansages les chasseurs ne doivent se servir de l'étrille que sur les parties charnues du cheval ; le bouchonnage est de beaucoup préférable. Quand ils emploient la brosse, ils doivent plus appuyer et allonger le bras sans trop se presser. Il faut tacher d'habituer les chevaux à être pansés sans licol ou bridon ; ce procédé donne de la confiance et de la gaîté au cheval ; puis il est mieux disposé à se laisser nettoyer la tête. »

———

« Ayant la conviction que plusieurs des maladies qui, depuis quelque temps, attaquent les chevaux proviennent du défaut d'exercice et parce qu'ils ne vont pas assez au grand air, j'invite les capitaines commandants à les faire promener, si le temps le permet, les jours que l'on n'ira pas à la manœuvre, dût-on même négliger quelque autre service moins important; la santé des chevaux doit prévaloir sur tout.

« Toutefois, on aura soin d'éviter de faire sortir les chevaux par les fortes pluies et de les exposer à être mouillés pendant la promenade, c'est au capitaine de police à saisir le moment le plus favorable pour l'effectuer.

« Pendant ces promenades les portes et fenêtres seront ouvertes ; les gardes d'écurie et quelques hommes de corvée, si la chose est nécessaire, profiteront de ce moment pour bien nettoyer les écuries, et faire écouler les urines. »

———

« Comme il est reconnu que les chevaux se fatiguent beaucoup en restant longtemps attachés au ratelier et que dans cette position ils ne peuvent d'ailleurs atteindre à terre la nourriture qui s'en échappe on les attachera, à l'avenir, avec les deux chaînes à l'auge.

« Pendant les froides journées d'hiver, on mettra la couverture, aux chevaux jusqu'à la corvée du soir. »

———

« Pendant les pansages les officiers de semaine ainsi que les sous-officiers ne s'occupent pas assez des chevaux; ils oublient qu'un bon pansage est très-favorable à la santé du cheval. Ces Messieurs se promènent, flânent, causent et ne font d'observations que quand un de leurs chefs arrive à l'improviste dans l'écurie où ils se trouvent. Il y a cependant toujours quelque chose d'utile à faire, à remarquer ou à rectifier dans une écurie, quand on a l'amour de son métier. J'engage ceux que ces observations concernent à en faire leur profit. »

—

« On s'assurera si pendant la nuit la température des écuries n'est pas trop chaude, et on emploiera les moyens que les localités offrent pour remédier à cet inconvénient qui est si préjudiciable à la santé des chevaux. A cause aussi de ces motifs, on cherchera à espacer les chevaux autant qu'il sera possible. »

—

« Je me suis convaincu que l'on se relâche beaucoup dans les soins particuliers que les chevaux réclament, relâchement que je dois en partie attribuer au vague du 1ᵉʳ § de l'art. 12 du réglement sur le service intérieur, qui rend les lieutenants et sous-lieutenants responsables de leur peloton envers leur capitaine ; je désire établir plus explicitement ce devoir, le plus essentiel de l'officier de cavalerie ; j'ordonne pour l'avenir qu'il y aura appel général les jours que la troupe ne montera pas à cheval. Cet appel tiendra lieu de parade de garde pour MM. les officiers, afin que les lieutenants et sous-lieutenants puissent se rendre aux écuries une demi-heure avant la réunion, sous la surveillance du capitaine en second et s'assurer par eux-mêmes, chacun dans son peloton, si le cheval est bien pansé, s'il ne menace d'aucune maladie, s'il n'est ni glandé, ni jeteur, s'il est placé d'une manière convenable et voir quels pourraient être les soins plus particuliers à donner à certains chevaux en raison de leur âge, de leur caractère, de leur race, de leur état de santé et de leurs aptitudes. Ces MM. ne doivent pas ignorer que les devoirs du cavaliers sont nombreux et compliqués ; c'est à eux à les en instruire avec douceur et patience. »

Fourrages.

« Je viens d'apprendre indirectement que les fourrages de la dernière distribution laissaient un peu à désirer, surtout le foin. J'invite les membres de la commission à porter toute leur attention sur cet article, et je les engage à passer plus souvent, et à différentes heures dans le magasin, afin de s'assurer scrupuleusement si toutes les denrées sont bonnes et de nature à répondre au cahier des charges. »

—

« Ayant appris qu'il est d'usage de mettre en sacs appartenant au magasin l'avoine destinée aux distributions, avant l'arrivée des officiers, et comme par ce moyen il est quelquefois possible de faire passer de l'avoine altérée, après que la commission l'aura rejetée, j'ordonne que les officiers chargés de la distribution, exigent à l'avenir que l'avoine soit, en leur présence, prise du tas et mise dans les sacs pour être pesée, afin d'éviter toute fraude, que le procédé que je viens de signaler pourrait faciliter. »

Vert à la prairie.

« Vu les difficultés de trouver de bonnes prairies à louer avec les conditions prescrites par la dernière circulaire ministérielle, j'invite les capitaines commandants à désigner le moins de chevaux possible pour le paturage.

« Le commandant du dépôt aura soin d'éviter de louer des prairies basses et humides telles que celles qui sont joignante de trop près à des rivières. Les paturages pour chevaux doivent être secs et élevés. Il tâchera, s'il est possible, d'obtenir des hangars pour que les chevaux y soient convenablement abrités.

« Il me paraît préférable de donner le vert à l'écurie aux chevaux qui n'ont pas essentiellement besoin d'être en liberté par suite d'accidents ou d'engorgements aux extrémités ; mais cette pâture devra

être donnée en quantité suffisante et de bonne qualité. On admettra
de préférence les trèfles, et on ajoutera à cette ration, par cheval, un
demi kilog d'avoine, pris sur les économies de l'infirmerie. »

Abreuvoir.

« J'ai pu me convaincre que dans quelques escadrons et contraire-
ment à l'art. 143 du règlement on fait boire les chevaux avant le
pansage du matin. Le capitaine de police veillera désormais à ce que
cela n'arrive plus, d'abord parce que la crudité de l'eau ne sera pas
aussi sensible aux chevaux lorsqu'ils boiront à la fin du pansage, alors
que l'eau aura été depuis quelque temps puisée ; ensuite parce que tout
le monde étant présent à l'écurie, il y aura plus de surveillance et
aucun cheval ne pourra être oublié.

« Je recommande aussi aux officiers de semaine de donner des
ordres pour que l'eau ne séjourne pas la nuit dans les cuves qui
se trouvent dans les écuries, et que chaque cuve ne soit remplie,
autant que possible, que quelques heures seulement avant de donner
à boire aux chevaux ; de cette manière on évitera que l'eau se
corrompe. »

Infirmerie.

« J'ai constaté avec surprise que l'on faisait choix des plus mauvais
cavaliers pour soigner et panser les chevaux malades des cavaliers à
l'hôpital ou en congé. C'est agir en dépit du bon-sens. Plus que tout
autre, un cheval blessé ou malade réclame des soins intelligents pour
aider à sa guérison. »

« J'ai remarqué que l'infirmerie du dépôt avait été établie dans un
mauvais local. Ce procédé est en tous points nuisible au traitement
que réclament les chevaux malades. Il est indispensable que ces
derniers soient placés dans des écuries saines et bien aérées ; souvent

les maladies proviennent de locaux insalubres ; il est alors impossible, le sujet étant exposé aux mêmes causes morbides, d'obtenir aucun résultat du traitement. »

Remontes.

« M. le capitaine D.... sera chargé de la direction et de l'instruction des chevaux de remonte de cette année. Ils sont beaux et ardents, je l'engage à employer tous les moyens de douceur et de patience, — les seuls convenables — pour parvenir à ce bon résultat.

« Ces chevaux seront confiés au nombre de deux par homme à d'anciens brigadiers et cavaliers aptes à ces fonctions. Ceux-ci ne feront d'autre service que celui de l'intérieur et des écuries ; ils seront exempts des corvées et des exercices ordinaires. Lorsque ces chevaux auront suivi le régime prescrit à leur arrivée au corps et que leur état le permettra, ils seront montés par leurs cavaliers tous les jours en bridon au manége jusqu'à ce qu'ils répondent entièrement aux aides de la main et des jambes et qu'il ne reste plus qu'à les habituer à l'effet du mors. L'instruction sera donnée par le capitaine précité assisté du nombre nécessaire de sous-officiers que je l'autorise à choisir dans tout le régiment.

« Ces chevaux seront logés dans les écuries les plus saines et les mieux aérées du dépôt. Ils seront espacés convenablement, et auront pendant le jour une demi litière.

« Aucun cheval de la remonte ne sera monté dans les rangs avant que son instruction ne soit entièrement terminée.

« On tiendra strictement la main à ce que les cavaliers chargés de dresser les jeunes chevaux se servent avec douceur des moyens d'équitation prescrits, et lorsque ces chevaux seront dressés les cavaliers qui les auront monté auront le choix d'un des deux chevaux pour leur usage en remplacement de celui qu'ils montaient à l'escadron.

« Je rappelle à l'attention des capitaines commandants la répartition des jeunes chevaux, qu'on doit avoir soin d'assortir selon le poids et la taille des cavaliers. »

———

« Ayant appris par le rapport du dépôt que quelques chevaux de la remonte de cette année étaient atteints de maladies inflammatoires (de poitrine), qui proviennent ordinairement d'un excès de fatigue ou de nourriture, j'invite le commandant du dépôt à ne faire donner à ces chevaux que la moitié de la ration d'avoine et l'autre moitié en orge, et de les faire monter deux fois par jour, au pas, afin de les faire jouir autant que possible du grand air. Ce régime pourra être modifié progressivement chez ceux de ces chevaux que l'on monte pour être dressés ; enfin, j'engage ceux que la chose concerne, d'employer tous les moyens hiégéniques pour prévenir ces maladies que l'on peut aussi attribuer au manque de grand air. »

———

« J'ai observé que quelques chevaux de remonte n'étaient pas montés par les hommes à qui ils sont confiés. Ceci est contraire à mes instructions : un jeune cheval doit être soigné, conduit et monté par le même cavalier, sans cela il ne sera pas convenablement dressé. »

———

« Je rappelle à MM. les officiers et sous-officiers que leur surveillance doit principalement se porter sur la conservation des chevaux qui leur sont confié ; sans bons chevaux pas de cavalerie possible ; aucun soin ne doit être négligé pour les rendre tels. »

RENVOI DES CLASSES DE MILICE.

A cette époque les miliciens passaient de cinq à six années au service actif ; ils étaient très considérés, à cause de leur excellente conduite, de leur aptitude et de leur attachement aux devoirs militaires. Quand une classe de milice était désignée pour être envoyée en congé illimité, le colonel réunissait les hommes qui la composaient, la veille de leur départ. C'était pour leur donner une dernière marque de sollicitude paternelle et pour leur faire ses adieux. Nous avons donc été plus d'une fois à même de retenir les bonnes paroles que Van Remoortere leur adressait en cette circonstance.

Tout ce qui élève l'homme et surtout le soldat à ses propres yeux ne doit jamais être négligé par un officier. Que de fois déjà nous avons pu voir que Van Remoortere savait profiter des événements les plus ordinaires pour agrandir sa sphère morale !

« Chasseurs, nous allons nous séparer ; je me plais à vous rendre cette justice que, dans tous les temps, vous vous êtes montrés de braves et d'honnêtes soldats. De votre côté, j'en suis sûr, vous emporterez un bon souvenir de vos chefs et du régiment où vous avez fait vos premières armes, où vous avez servi pour la patrie. Vos officiers vous ont donné l'exemple de l'honneur et du dévouement ; le régiment a été pour vous un stage utile, une bonne école ; vos forces morales et physiques s'y sont développées. Continuez à tenir dans vos villages la conduite que vous teniez au régiment, respectez-y l'autorité comme ici vous respectiez vos chefs et vous serez entourés de l'estime publique et vous réjouirez le cœur de vos parents.

« En cas de rappel, si nous sommes assez heureux pour être réveillés un jour par la trompette des combats, je sais que je puis compter sur mes braves miliciens et que pas un de vous ne manquera au rendez-vous de l'honneur, car vous n'ignorez point que la vie d'un citoyen et d'un soldat appartient à son pays.

Adieu, mes enfants, mes vœux et mon affection que vous avez méritée ne vous feront jamais défaut. Votre vieux colonel ne vous oubliera pas. Si je puis être utile à l'un de vous n'hésitez pas une seconde à vous adresser franchement à moi ; encore une fois adieu, mes enfants ! »

Qu'il doit être doux de savoir stimuler les sentiments et les instincts généreux de l'homme par des discours de cette portée?

On le comprend, l'effet de ces paroles était irrésistible. La plupart de ces vigoureux chasseurs, en les écoutant avec recueillement, versaient de grosses larmes. Van Remoortere était également ému ; son accent, son regard, sa physionomie le témoignaient assez.

Maintes fois, nous avons vu, dans ces circonstances, des miliciens ne pouvoir se résoudre à quitter le régiment et signer des engagements volontaires. Quant à ceux qui par goût ou pour des raisons de famille préféraient le retour au foyer natal, ils n'oubliaient jamais les paroles et les bons procédés de leur vaillant colonel, et son éloge, répété pendant les travaux de la moisson ou à la veillée des hivers, rendait le beau nom de Van Remoortere aussi populaire qu'un chant national.

TENUE, MANŒUVRES, INSTRUCTION, ETC.

« J'ai remarqué que l'avant-garde et l'arrière-garde, sous prétexte qu'elles sont éloignées de la troupe qu'elles doivent éclairer ou protéger, n'observaient pas l'ordre et la tenue réglementaires. C'est pourtant sur elles que se porte l'attention du public et des militaires en particulier. Elles doivent donc marcher très-militairement afin de donner une bonne opinion du régiment.

—

« J'engage MM. les officiers en général à faire leurs commandements avec plus de vigueur, afin que les mouvements soient exécutés sans hésitation et avec plus d'entrain. C'est aussi le meilleur moyen d'atteindre le but qu'un officier doit se proposer : celui d'enlever sa troupe.

—

« Je réitère de nouveau ma recommandation relativement au calme, au silence ainsi qu'à l'immobilité qui ne doivent cesser de régner pendant toute la durée des manœuvres.

—

« Dans la marche au galop de ce jour, j'ai remarqué que les chasseurs se serrent beaucoup trop dans les rangs; outre la gène qu'ils doivent éprouver alors, ils se mettraient, le cas échéant, dans l'impossibilité de faire un usage rapide et utile de leur sabre ; d'autre part la main de la bride n'est plus aussi libre de ses mouvements. »

—

« Des étriers sont ajustés en dépit du sens commun ; ils sont généralement trop longs et les jeunes cavaliers, en cherchant à les reprendre aux allures vives, s'exposent à perdre l'équilibre et à donner des à-coups à leur monture. Un cavalier avisé aura toujours les étriers plus courts que longs. »

—

« Les chasseurs doivent tenir les reins plus droits et plus fermes à cheval, sans raideur toutefois ; les rênes de la bride plus courtes, la main basse et tranquille dans les mouvements, lesquels doivent être plus déterminés par l'effet des jambes du cavalier que par celui de la main. »

—

« J'ai fait la remarque que des commandants de peloton ne sont pas assez à leur affaire pendant le travail à cheval et que d'autres ne conservent pas l'immobilité qu'il convient d'avoir sous les armes et sont mal à cheval ; leurs chevaux n'étant pas *placés* carrément, les alignements en sont retardés, et les alignements doivent toujours être prompts. »

« L'exemple des officiers ayant la plus grande influence sur la troupe, j'exige de ces messieurs qu'ils se pénètrent bien que, sous les armes, il faut qu'ils soient tout à leur noble métier. »

—

« Le travail individuel bien compris, enseigné avec méthode et sans précipitation est la base de tout travail d'ensemble. Cela s'explique : ce travail aura appris au cavalier à user des aides avec calme et discernement, en même temps qu'il assouplira le cheval et le rendra docile à la volonté du cavalier. Je ne puis donc trop recommander aux instructeurs de ne jamais trop se presser et d'user d'une grande douceur et de beaucoup de ménagements. »

—

« J'invite les capitaines en second à mieux surveiller les serre-files ; après les deux charges de ce jour, j'ai constaté que des chevaux du 1er rang avaient reçu des atteintes. Cela provient de la nonchalence et de la maladresse des cavaliers du second rang qui ne gardent pas leur distance ou qui sommeillent à cheval. »

—

« Le travail d'hiver de cette année sera consacré à l'école du cavalier. Les reprises seront tout au plus de six à huit hommes afin que les instructeurs puissent mieux surveiller chaque cavalier, en observant que ce travail ne consistant pas tant à recommencer l'instruction individuelle qu'à bien indiquer la manière de se servir des aides de la main et des jambes. Employer les aides avec méthode et intelligence est le fondement de l'équitation militaire. Les instructeurs doivent s'attacher à faire de hardis cavaliers et non des automates. Ils doivent insister particulièrement sur ce que l'on entend par bonne main, et faire comprendre ce que le cheval souffre par l'effet des saccades ou celui du mors employé avec dureté. »

—

« J'ai remarqué que beaucoup de chasseurs ont encore la détestable habitude de trop serrer la sous-gorge de la bride, ce qui met le cheval au supplice, surtout dans les arrêts aux allures rapides et dans les brusques changements de direction. »

—

« Indépendamment de l'école des sonneries, les musiciens et trompettes doivent encore assister à l'instruction à cheval dans laquelle plusieurs d'entr'eux ont besoin de se perfectionner. »

—

« En rentrant ce matin de congé, j'ai eu l'occasion de voir revenir le régiment de la manœuvre et traverser la grand' place. Que les capitaines commandants et les officiers supérieurs reçoivent ici l'expression de mon vif mécontement. Beaucoup de chasseurs n'avaient ni position, ni attitude militaires. Les uns portaient le schako presque dans le cou, les chaînettes sous le nez, d'autres avaient le dos courbé comme des vieillards, ceux-ci laissaient la main de la bride ou du sabre reposer sur le pommeau de la selle, ceux-là avaient leurs genoux en forme d'angle. Les serre-files n'étaient pas à leur place. J'ai rougi en constatant cette coupable nonchalence.

« J'ordonne qu'à l'avenir, et j'espère que ce sera pour la dernière fois, chacun conserve la tenue réglementaire, la position prescrite et sa place de bataille. Il n'est pas digne de porter des éperons celui qui ne se sent pas fier en montant un cheval de guerre. Je préviens le régiment que je punirai rigoureusement les contrevenants à cet ordre. J'engage les officiers et sous-officiers à exercer une surveillance plus active sur la troupe en marche. A aucun prix je ne tolérerai que le public ait une mauvaise opinion de l'ordre, de l'instruction et de la discipline de mon régiment.

—

« A la manœuvre de ce jour plusieurs chevaux étaient mal embouchés et d'autres étaient sellés beaucoup trop en avant. Cela me porte à croire que les cadres ne passent pas l'inspection minutieuse de la troupe avant de rompre de la caserne. A l'avenir, qu'on m'épargne le regret que j'éprouve de devoir signaler de pareilles négligences.

Quel effet la main de la bride peut-elle produire sur un cheval dont le mors est placé trop haut ou trop bas, ou qui fait la bascule? Quelle gêne un cheval ne doit-il pas ressentir quand le poids du cavalier, au lieu d'être convenablement équilibré, porte presqu'entièrement sur l'avant-main?

—

« Le temps nous manquant pour exécuter un travail progressif et
régulier, attendant de jour en jour l'ordre de partir pour la frontière,
l'instruction sera réglée sur ce qu'il y a de plus usuel en temps de
guerre. Je recommande spécialement l'école de tirailleurs, (tant pour
le tir (1) que pour la bonne et prompte exécution des mouvements
individuels) les formations et les ralliements rapides, puis les
marches en bataille aux allures vives. Avec cette simple science un
régiment aussi brave que le nôtre sera toujours assez redoutable
aux ennemis de la patrie. »

---

(1) Ceci nous remet en mémoire certain paragraphe d'un ordre de Seydlitz :
« J'ai remarqué des tirailleurs aussi maladroits qu'un paysan silésien qui tire
« un coup de pistolet à une noce de village. »

CANTONNEMENTS.

Dans notre âme, il y a quelque chose qui dure autant que les inscriptions gravées profondément sur le marbre et le bronze; ce sont les premières impressions, les premiers souvenirs; ils ne s'en vont pas quand d'autres choses s'effacent....

Le vicomte WALSH.

Silencieuse, à cette heure repose,
La fière épée en rêvant de combat,
Et le luth seul chassant l'ennui morose,
Résonne encore au foyer du soldat.

La lyre et l'épée. — Fragment. —
L'abbé F. MAGNUS à A. DAUFRESNE.

C'est dans la Campine — frontière nord de la Belgique — que le 1ᵉʳ de chasseurs a été cantonné en tout ou en partie, depuis 1831 jusqu'en 1839.

Cette pittoresque contrée nous est chère à plus d'un titre; nous y avons passé les plus belles années de notre jeunesse; Nous l'avons parcourue en tous sens et dans toutes les saisons de l'année; nous avons donc eu le loisir de l'étudier *con amore*. Qui pourrait nous en vouloir de lui consacrer quelques lignes? Après l'Ardenne, que nul montagnard n'a le droit ni le pouvoir d'oublier, nos prédilections sont pour la Campine. Nous nous expliquons à merveille que depuis plus de 40 ans elle ait si admirablement bien inspiré le meilleur et le plus populaire de nos écrivains : Henri Conscience; mais aussi elle lui est redevable du plus beau fleuron de sa poétique couronne.

Grâce aux écrits sympathiques de Conscience, l'Europe entière connaît et aime les nobles et touchants récits du passé, les saintes et naïves traditions, les chants mélancoliques, la foi robuste et les mœurs patriarchales des habitants de la Campine. Elle admire ses paysages agrestes et pleins de rêverie, son ciel changeant et si vigoureusement coloré parfois, les immenses bruyères auxquelles la belle saison prodigue longtemps ses jolies grappes de fleurs roses, ses attrayants villages qui comme des vertes oasis surgissent au milieu des plaines arides, ses ruines vénérables et ses profondes solitudes.

Cependant M. Conscience, qui, comme nous, a formulé ses premiers chants sous l'habit de soldat, savait rendre justice à l'Ardenne. Un jour il nous écrivait à ce sujet :

« Et que votre pays est plus beau que le mien ! J'ai fait naguères à pied le voyage de Liége à Durbuy, votre rocher natal, en suivant le chemin de hallage de l'eau d'Ourthe. Que c'est magnifique ! Le Rhin sans doute est majestueux, mais pour nous hommes des plaines, c'est trop grand et ça fatigue la tête. L'Ourthe, elle, est plus complaisante pour le poète ; dans ses mouvements capricieux elle abaisse ses rives à chaque instant pour dérouler les plus charmants panoramas, puis, un instant après, elle s'écarte entre des rochers aux formes les plus diverses et les plus fantastiques. Combien je vous envie cette eau là ! Chantez-là bien et souvent, elle est faite pour féconder le génie du poète. »

Revenons à la Campine.

Les sites où l'on a été heureux, où l'on a passé des années de sève et d'espérance, où l'on vécut avec de dignes chefs, de loyaux camarades et d'honnêtes campagnards, nous restent toujours chers.

D'autre part, nous avons toujours aimé les horizons étendus, les grands tableaux de la nature primitive, ils éveillent le sentiment de l'infini. Les vastes landes de la Campine ont un aspect saisissant.

Nous n'avons jamais traversé l'immense bruyère sans que
notre cœur ne battit plus vivement au penser de la liberté qui
semble y avoir élu domicile. Ces régions parsemées de bouquets
de sapins d'où s'élèvent par intermittences, de vagues mélodies,
sauvages et austères comme l'isolement qui vous entoure, rappellent quelques notes de ces chants naïfs et tendres qui, au moyen-
âge, berçaient nos ancêtres. Pendant l'hiver ou bien à l'époque
des orages, quel langage énergique, que de majesté, que de
grandeur dans ces voix immortelles, dans ces souffles puissants
qui font tout plier sous leurs invisibles étreintes !

La bruyère ! Il faut la voir à la verte saison, quand le doux
printemps avec son sourire de jeune épousée donne tant de grâce
à leur aprêté et à leur sombre feuillage. Oh ! qu'il fait bon alors
de rêver là, de songer à ceux qu'on aime et de les convier à
partager votre ravissement ! Les genêts qui la jonchent ouvrent
leur corolle en carène et l'aride chardon lui-même, ce deshérité
des terres fertiles, semble vouloir montrer qu'il a aussi des
fleurs. Tel est l'effet de l'astre régénérateur et l'homme n'est pas
le dernier à se réjouir de sa présence. C'est comme un vieil ami
que l'on revoit après une longue absence ; la joie du cœur éclate
à son aspect et l'on se sent animé des meilleurs sentiments.

La bruyère est un arbuste que nous aimons pour son caractère
solitaire. Là, où ses petites grappes s'épanouissent on est presque sûr de marcher dans une voie écartée que ne visitent guère
les hommes légers ou vaniteux, où l'on peut errer à l'aventure
sans crainte d'être troublé dans sa rêverie.

Le visage des hommes insignifiants s'oublie, mais la beauté
austère et sans fard de la nature, laisse dans le cœur de trop
vives impressions pour que le temps puisse les effacer ; comme un
parfum lointain on les retrouve plus tard, à l'heure où l'on rentre
en soi-même pour se recueillir.

C'est dans la solitude que l'âme se plaît dans les contempla-

tions, qu'elle s'épure et qu'elle acquiert de nouvelles forces pour
la lutte et pour fixer ses idées. C'est dans la solitude qu'opérant
une espèce de séduction l'esprit enchaîne le corps en parlant ce
langage intime et persuasif qui révèle sa puissance. Eh bien, la
solitude, voulez-vous la trouver dans sa virginale austérité?
Rendez-vous sur les plateaux de l'Ardenne ou dans les bruyères
de la Campine. C'est dans ces lieux écartés où les hommes ont de
rudes labeurs que l'on trouve encore les vertus primitives,
chaque jour de plus en plus rares. La pensée religieuse y
domine encore avec l'esprit de famille. La religion pure de Jacob
ne s'est-elle pas conservée parmi les nomades du Sahara, comme
la superstition est restée dans le cœur du marin, cet autre habitant des déserts flottants? c'est qu'il y a des rapports mystérieux
entre les extrêmes, entre l'homme et le sol qu'il foule, entre
lui et les astres qui l'éclairent, entre l'homme et le Créateur.

Poètes, où rencontrez-vous la Muse plus sereine, plus sympathique, plus harmonieuse et mieux disposée à converser avec
vous? Elle s'empressera pour vous plaire et vous fixer, de cueillir
la fleur du souvenir, la rose parfumée de l'amour, le gui du
chêne antique, le laurier de la gloire, l'olivier de la paix et la
palme de la liberté.

Savants, fouillez ces dunes sablonneuses où les débris de
coquillages et de plantes marines vous feront rétablir une géo-
graphie antédiluvienne; jetez les yeux sur ces plaines immenses
qui les environnent, analysez le terrain d'où l'on extrait la
tourbe, que d'études intéressantes à faire encore!

Et vous, peintres, où trouverez-vous ailleurs ces magiques
effets d'ombre et de lumière, ces dunes aux tons fauves étincelants
au soleil, ces marais dont les formes sont si variées, dont l'eau
limpide, semble pourtant si noire et si profonde et ou tant
tant de fleurettes aux couleurs variées se mirent? Où trouverez-
vous ces nombreux troupeaux cherchant leur nourriture au pied

de ces arbrisseaux qui voudraient n'accueillir que les caresses de la brise ou la plainte des aquilons, mais qui livrent cependant leurs corolles à des milliers d'abeilles empressées et laborieuses ? Où, surtout, rencontrerez-vous ces attelages primitifs, ces hangars pittoresques, ces bonnes vieilles chaumières isolées, construites en terre glaise, couronnées du velours des mousses et d'où s'échappent comme des nuages de fumée dont les teintes bleuâtres paraissent si douces sur le fond d'un ciel estompé ? Eh bien, c'est sur le seuil de ces chaumières que vos glorieux aînés, les Dow, les J. Steen, les Breughel, les Teniers représentaient dans toute leur naïveté, ces admirables scènes de la vie champêtre et ces joyeuses kermesses flamandes qui les ont immortalisées.

Et vous, hardis cavaliers, en évoquant le souvenir des Luxembourg, des Seydlitz et des Murat, où donc votre regard enthousiaste rencontrera-t-il des plaines de cette étendue, un sol plus ferme, un théâtre aussi vaste pour donner plus d'essor à vos évolutions rapides, à la charge impétueuse de vos escadrons ? Et, ô douceur ! Où trouverez-vous un accueil plus hospitalier ?

Au seul nom de la Campine notre cœur tressaille de reconnaissance. Un essaim de souvenirs vient folâtrer autour de nous, suave, frais, embaumé comme un beau jour de printemps.

Là, le sentiment poétique nous berça pour la première fois, nous rêvions l'infini dans la nature et dans notre avenir, et ces perceptions enchantées nous pénétraient de foi et d'amour. Ah ! que de pures images, de vives pensées, de rêves charmants nous inondèrent là ! L'idée de Dieu, le souvenir de la famille, le désir brûlant de combattre un jour pour la patrie, un amour naïf dominaient tout cela : nous nous sentions des forces pour soulever des montagnes.

Et quand j'y retourne dans ce cher pays, je salue les vieux arbres du chemin et je leur demande mentalement s'ils se rappellent la marche svelte et légère de Roseline, son ravissant babil et le bonheur qui animait sa douce physionomie pleine de jeunesse, de grâce et de candeur quand nous passions devant eux, protégés par leur ombrage hospitalier ?

« Quoi ! une idyle au milieu de récits et de souvenirs militaires ? » S'écrieront peut-être des esprits chagrins ou sceptiques ?

Pourquoi pas ? Van Remoortere nous parlera encore devoir, honneur, sentiments guerriers ; nous pouvons bien, pour un instant, faire une reconnaissance dans le domaine de nos vieux souvenirs. Sans aucun doute les jeunes gens ne pourront nous en vouloir, n'est-il pas question de foi, d'amour et de poësie ? Ah ! nous leur conseillerons d'aimer, comme nous, la nature, la poésie, les sentiments élevés avec la même énergie qu'ils aiment leur noble profession. C'est l'unique moyen de se préserver des vices, des misères et de l'égoïsme du siècle. L'illusion, l'amour du vrai, du bon, les nobles et généreuses aspirations constituent le trésor le plus précieux de la première jeunesse. L'intérêt que ce trésor rapporte plus tard est immense, incalculable, qu'ils le placent en réserve, ils sauront l'apprécier doublement dans un âge où la sève n'augmente plus et où la vie penche vers son déclin. Il leur restera des reflets de première jeunesse alors que ceux qui ont gaspillé ce trésor se courbent déjà, par un effet précoce, sous l'influence des années. Oui, heureux sont ceux qui ont la religion et la mémoire du cœur ! Ceux-là renaissent à l'aurore screine de leur printemps et sentent croître des ailes pour prendre leur essor vers un monde inconnu qu'ils entrevoient meilleur. Les réminiscences de la vie intellectuelle surtout font apprécier chaque jour davantage la joie de sentir encore tout ce que le temps inexorable dévore.

Ces réflexions nous ont mené un peu loin, revenons aux instructions de Van Remoortere concernant les cantonnements ; ces instructions sont extraites de ses ordres et complétées par nos souvenirs, nous les avons coordonnées de notre mieux.

« Avant de faire rompre votre détachement pour aller occuper un cantonnement, prévenez vos sous-officiers et cavaliers que vous comptez non seulement sur leur bonne conduite, mais sur les égards qu'ils doivent avoir envers les habitants, qui sont leurs compatriotes et qui, d'ordinaire, ne demandent pas mieux que de sympathiser avec eux. Ajoutez que vous êtes résolu à maintenir constamment et rigoureusement le bon ordre, la tenue réglementaire et une discipline sévère.

« Réglez vos heures de service suivant les circonstances et le plus possible au point de vue du bien-être des chevaux.

« Une fois pour toutes, exigez qu'en temps ordinaire le trajet de chez soi au lieu du rassemblement et le retour au logement se fasse à cheval au pas.

« Si des altercations surviennent entre un habitant et un cavalier, que ce dernier s'adresse à vous et l'autre au bourgmestre, c'est le seul moyen de les faire cesser promptement.

« Ce qui précède implique pour vous la nécessité d'établir des bonnes relations avec les autorités de l'endroit.

« Veillez à ce que vos cantinières (1). soient convenablement logées ; le plus souvent on les case dans des taudis où elles manquent de place pour laver le linge de la troupe.

« Soyez sans pitié pour ceux qui s'enivrent en route, principalement à la 1re ou 2e étape ; faites remettre le délinquant, désarmé, entre les mains de la gendarmerie. Un seul exemple de ce genre suffit le plus souvent pour que chacun s'observe. Votre tâche sera allégée et la colonne du rapport destinée aux punitions restera blanche pendant longtemps.

« Faites prévenir les habitans par l'intermédiaire du bourgmestre que les réclamations pour dettes n'ont pas le moindre succès, mais punissez les coupables.

« Réglez votre montre sur celle du colonel.

« Que vos cavaliers aient tout sous la main dans leurs logements,

---

(1) J. Ambert, *Les Sœurs de charité des camps.*

afin qu'à un moment donné, et surtout pendant la nuit, il n'y ait, en cas d'alarme, ni retard, ni hésitation.

« Toutes nos communes possèdent des plans cadastraux, des cartes très-explicites ; ayez sur le champ sous vos yeux un croquis détaillé de votre cantonnement, de ses débouchés, de ses alentours, etc.

« Engagez vos chefs de pelotons à vous imiter.

« Au bout de 48 heures vous devez connaître votre cantonnement sur le bout des doigts et aller, les yeux fermés, dans n'importe quel logement occupé par vos hommes.

« Si vous le pouvez, faites le plus tôt possible une ou deux promenades de chevaux sur les chemins qui conduisent à l'état-major ou aux autres escadrons logés dans votre voisinage, et quand il s'agira de porter des ordres tous vos hommes connaîtront ces chemins. Cependant, ayez à proximité de votre logement une couple d'hommes intelligents et dont les chevaux soient tranquilles et habitués à marcher de nuit isolément. Vous pouvez en avoir besoin pour porter un message urgent.

« Que vos logements soient régulièrement payés ; ne lâchez pas trop la gourmette à vos comptables, ils sont enclins à galopper et à faire les jolis cœurs.

« Recommandez à vos cavaliers de ne jamais fumer dans les écuries ou dans les granges, surtout pendant la nuit. Qu'ils prennent garde à leurs paquets de cartouches dont l'explosion pourrait causer des accidents.

« Si un incendie éclate que tout votre détachement — vous premier, bien entendu — soit rendu le plus tôt possible sur les lieux. Donnez alors des preuves de courage et d'intelligence ; la sympathie des habitants vous récompensera.

« Quand un détachement d'une autre arme est désigné pour faire partie de votre cantonnement, rappelez-vous de suite ce conseil militaire du colonel De Brack : « Donnez à son chef des marques de fraternité, l'exemple sera bientôt suivi et ce détachement fera partie de la famille. »

Des chevaux.

« En général, les écuries de nos villages laissent énormément à désirer, mais, par contre, et presque partout nous avons à nous louer de la bonne volonté des habitants. Un peu de patience, beaucoup de bonne volonté et vos chevaux seront convenablement casés. C'est ici où, pour obvier à l'ignorance ou à l'insouciance de plusieurs cavaliers envers leur monture, il faudra vous et vos cadres savoir vous ingénier et vous mettre à l'œuvre.

« Citons quelques points :

« Les rateliers sont presque toujours trop bas, relevez-les au moyen de bonnes cordes, de crampons, etc.

« Placez des barres en bois entre chaque cheval ; que ces barres n'offrent pas d'arêtes vives sur leur surface et que leur extrêmité ne soit pas en pointe.

« Des écuries ou étables sont ouvertes à tous les vents, d'autres sont trop étroites et manquent d'air, agissez en conséquence et séance tenante.

« Il y a souvent de gros clous dont la tête ou la pointe dépassent les mangeoires, les rateliers et même les murs ; il est si facile de les ôter.

« Des portes se ferment avec une mauvaise ficelle ou restent entrebâillées ; un cheval se détache et le voilà tombant dans un puits de purin ou une fosse de fumier.

« Des vaches, des porcs se trouvent dans la même écurie ou étable dans laquelle sont quelques uns de vos chevaux de troupe ; faites ressortir le danger que les premiers courraient si un cheval, brisant son licol, allait se mêler à eux ; n'en doutez point, le propriétaire avisera.

« Des auges tiennent mal, le cheval tire et les abat sur ses genoux, la bête est mise hors de service et souvent pour très longtemps.

« Le sol de beaucoup d'écuries est mou, humide ; faites-y mettre du sable, de la bruyère séchée, etc.

« Un dernier moyen pour parer à tous ces désagréments, c'est de réunir dans une grande ferme ou une grange spacieuse tous les chevaux logés dans des écuries trop mauvaises.

« En avisant ou agissant de la sorte, vous donnerez des leçons de propreté, d'hygiène et de sécurité dont les paysans profiteront autant que vos troupiers.

« Vous avez rarement un vétérinaire cantonné avec vous, et il se présentera bien des cas où votre bon sens, votre savoir, votre expérience seront mis à contribution. Que ce soit pour vous une nouvelle occasion de relire avec soin l'ouvrage du colonel De Brack.

« Entretenez souvent vos cavaliers de la nécessité de bien soigner et d'aimer le cheval, des précautions à prendre pour bien seller, paqueter et brider, de l'importance de la ferrure, etc.

« Que les chevaux malades ou blessés soient tous les jours promenés sous la conduite d'un brigadier qui vienne vous les présenter. Alors vous aurez aussi la satisfaction d'être certain qu'ils ont pris le grand air, qu'ils ont été bien pansés et qu'on a suivi vos prescriptions et celles du vétérinaire.

« Si des cavaliers arrivent avant l'heure au rassemblement qu'ils mettent de suite pied à terre et ne remontent à cheval que deux ou trois minutes avant le départ.

« Avant de rompre, ayez en horreur toute espèce d'alignement, de recul, de mouvements inutiles ; filez tranquillement par deux ; que vos chevaux ne soient pas trop rassemblés et marchent un bon pas et surtout, en route, ne vous acharnez pas à la stricte observation des distances.

« Que de fois on oublie de faire graisser les sabots des chevaux ! C'est pourtant chose si nécessaire sur le sol sablonneux de la Campine.

« Quand une grande manœuvre est commandée, on prescrit aux hommes de se munir d'un repas pour eux et d'une ration d'avoine pour leurs chevaux. Soyez tranquille sur le premier point, quant au second ne vous fiez pas à tous vos cavaliers ; veillez à ce que les musettes ne soient pas déchirées, qu'elles contiennent la ration ordonnée, et qu'elles soient fermées au moyen d'une corde et non pas de la courroie.

« Un mot sur les fourrages :

« Exigez qu'une grange spacieuse et se fermant bien soit mise à votre disposition pour recevoir les fourrages et pour en faire la distribution en temps de pluie.

« Ne manquez pas d'avoir toujours un peu d'orge en réserve pour vos chevaux malades.

« Assurez-vous fréquemment que les sacs à avoine de vos cavaliers ne soient ni troués, ni décousus.

« Recommandez aux hommes une exacte répartition de la ration de fourrages et que le repas du soir soit toujours le plus copieux, le plus important.

« Défendez-leur de donner du vert à leur monture, mais que la paille de seigle, d'avoine ou de froment que les fermiers voudraient leur donner soit reçue par eux avec plaisir.

« Après la réception des fourrages, des cavaliers paresseux ou négligents laissent traîner leur paille, leur foin dans la poussière ou dans la boue, d'autres les lient avec peu de soin ou bien les laissent sur le seuil d'un cabaret, punissez sévèrement ces mauvais cavaliers.

« Arrivons aux dernières recommandations :

« Ayez toujours sous la main des ouvriers bottier, tailleur et sellier ; qu'ils travaillent sans cesse sous votre surveillance spéciale. De Brack dit avec raison que : « Tout commandant d'escadron qui, même après une longue campagne, sort d'un cantonnement de vingt jours sans être complètement réparé est un mauvais capitaine. »

« Un drapeau quelconque hissé sur le haut du clocher indiquera que vous avez reçu contre-ordre pour la manœuvre.

« Tenez la main à ce que les ordonnances chargées d'aller porter des ordres, n'abusent pas de leurs chevaux, assurez-vous des heures de départ et de rentrée.

« Exigez que la visite sanitaire des hommes se fasse exactement tous les huit jours. De cette mesure dépend une question de morale et d'humanité à laquelle nul officier ne peut être indifférent.

« Rien ne donne une opinion plus fâcheuse d'une troupe et de ses chefs que de l'entendre crier ou chanter quand elle doit se réunir pendant la nuit; quand ce cas se présentera, prescrivez un silence absolu. Mais d'une étape à l'autre, laissez jaser et chanter vos cavaliers en pleine liberté.

« Si un cavalier malade doit entrer à l'hôpital le plus rapproché du cantonnement, qu'il y soit transporté dans une voiture ou charrette commode et faites en sorte qu'à défaut d'un matelas, il ait au moins une bonne paillasse et des couvertures.

« Si un homme vient à mourir d'une façon quelconque, usez d'initiative, écrivez sur le champ au bourgmestre de la commune du défunt pour le prier de prévenir la famille de cet événement en ayant soin d'indiquer l'heure et le jour de l'enterrement.

« Entendez-vous avec le curé de la localité pour qu'un service convenable soit fait au défunt, et, en tenue de route, sans armes, assistez, vous et tout votre monde, à la cérémonie funèbre.

« Dans le cantonnement, tenez vos hommes en haleine ; prescrivez des appels, des inspections de propreté dans leurs logements ; exigez que leurs chevaux soient aussi bien pansés que les vôtres, causez avec eux de leur famille, du métier, des choses à leur portée ; ils sont très-sensibles à ces procédés ; ne les brusquez jamais; recommandez-leur des égards envers leurs hôtes, stimulez leur amour-propre, etc.

« Tout village, si insignifiant qu'il soit, offre toujours de l'intérêt au point de vue militaire; d'abord il constitue un défilé, ensuite, espacé ou resserré, il est ordinairement situé au nœud de plusieurs communications ; ses environs sont découverts, accessibles, difficiles ou accidentés ; des cours d'eau les traversent ou les longent; le hasard peut ramener un de vous dans ces localités alors que vous serez chargé de les défendre ou de les attaquer... Eh bien, en fumant la pipe, en visitant tel ou tel groupe de logement et devisant avec vos sous-lieutenants, abordez de temps en temps ce beau, cet inépuisable sujet de conversation : le service des avant-postes. Comment on se garderait dans ce village, où placerait-on les grand'gardes, où dirigerait-on les patrouilles, les reconnaissances; quelles dispositions prendrait-on pour l'offensive, par où conviendrait-il de se retirer si l'on y était forcé, etc.

« En vous occupant de ces détails, vous prouverez que vous avez votre noble métier à cœur, vous connaîtrez mieux vos hommes et vos chevaux, et par suite vous les estimerez davantage encore. »

ENTRAINEMENT.

De 1831 à 1839 il ne fut jamais question *d'entraînement* dans la cavalerie belge.

Des généraux qui avaient la longue et précieuse expérience de la guerre tels que Duvivier, d'Hane de Steenhuyse, baron Picquet, Desprez, baron Hurel, Chatry de la Fosse, de Marneffe, de Brias ne donnaient pas dans ce travers.

Les colonels Van Remoortere, Spaey, Thiéri, de Lobel, Anoul, Crooy, avaient, comme ces généraux, faits des centaines d'étapes par monts et par vaux, en sillonnant l'Europe; ils avaient livré une foule de charges vigoureuses sur le champ de bataille. Ce n'étaient donc pas des officiers de parade, amis du farniente et des allures calmes.

Dans notre chapitre sur la Tactique, nous avons reproduit un fragment de l'admirable instruction du lieutenant-général Desprez, chef de l'état major général de l'armée. Cette instruction défendait formellement l'abus des forces du cheval.

Des leçons émanant d'une telle autorité, devaient être écoutées et respectées avec ce sentiment profond de la discipline qui fera l'éloge éternel des soldats de Napoléon Ier. Au reste, ces leçons étaient d'accord avec les convictions de tous ceux à qui elles s'adressaient.

Qu'on ne vienne donc pas dire qu'à cette époque, on faisait les manœuvres et les étapes *à la papa* et que l'on chargeait le moins possible. Cela est faux, radicalement faux. Ce qui est vrai, c'est qu'on n'*abusait* jamais des forces du cheval.

En général, nos chevaux étaient bons, solides, bien nourris. Sous prétexte de voltes renversées, d'assouplissements, de charges outrées, de steeple-chasse et de courses échevelées, on ne ruinait pas prématurément leurs jarrets, on ne forçait pas leurs allures, on ne les mettait pas hors d'état de fournir des charges impétueuses, en un mot, on les ménageait afin de les rendre capables de donner quelques bons coups de collier quand l'heure du péril serait venue.

Nous l'avouons cependant! Nous aimions un peu trop le cheval. Nos cavaliers nous imitaient, ils soignaient admirablement ce généreux animal. Et voulez-vous savoir pourquoi nos cavaliers agissaient ainsi? C'est que leurs chefs avaient pour principe de ne rien faire que de juste et de raisonnable, tant pour l'homme que pour le cheval.

Qui ne le sait? L'entraînement des chevaux dans quelques régiments en Belgique, quelques années après la mise de l'armée sur pied de paix, est né de l'ambition de quelques chefs de corps; ils ont voulu se faire remarquer ou percer à tout prix. Il est bon qu'un colonel ait une grande latitude dans son commandement, mais l'excès en tout est un défaut.

Le cavalier avec son gros bon sens ne tarde pas à pénétrer le motif de ce zèle démesuré, à propos de certains entraînements, puis il raisonne de la sorte : « Quoi! vous faites inutilement trotter et galopper nos chevaux pendant un laps de temps exagéré, vous les éreintez sans pitié, et une fois rentré à la caserne ou au cantonnement vous m'ordonnez ensuite à moi, de prendre le plus grand soin de mon cheval, de veiller à sa nourriture et à sa santé; vous voulez en un mot que je répare autant que possible les effets désastreux de vos sottises! Mais, mon ancien, ce sont là des exigences et des contradictions fort drôles; si vous exténuez, si vous abîmez nos chevaux, dans l'espoir de vous faire remarquer, à tout prix, est-ce le moyen de nous les faire aimer à nous? »

Et nous ajouterons : la prétention d'exiger l'impossible des chevaux qui n'ont ni la même taille, ni la même constitution et qui sont de différentes races est inhumaine d'abord, absurde ensuite, et d'autant plus absurde que vous n'ignorez pas que leur ration est insuffisante, que vos moyens sont bornés, que votre temps est restreint, puis qu'un entraînement régulier, progressif, normal est impraticable ; et qu'enfin vos chevaux sont dressés, soignés, montés par des cavaliers, excédés de besogne qui ne peuvent, d'aucune façon, avoir le goût et l'amour du cheval dans les conditions pénibles que vous et le gouvernement leurs faites.

L'entraînement! Et pourquoi semblez-vous ignorer encore les peines infinies que nécessitent ce genre d'exercice pour un cheval de race? Cet entraînement réussit-il toujours? Et pourtant rien ne manque à ce cheval: avoine abondante, écurie spacieuse et bien aérée, litière jusqu'au ventre, pansage diligent, couverture épaisse, ferrure distinguée, harnais léger, sans ombre de paquetage; soins d'un palefrenier d'élite, largement rétribué, rompu à l'équitation, et, par dessus tout, l'œil intéressé ou amical du maître?

La mère des chevaux n'est pas morte, répondrez-vous? Mais qu'arrivera-t-il si les chevaux que vous avez à demi ruinés ou qui ont dans le corps le germe de maladies de poitrine sont mis en demeure de rendre des services réels? — On les remplacera par des chevaux de remonte. — Mais vous restera-t-il le temps de dresser, d'aguerrir et surtout d'acclimater ces jeunes chevaux? Le bon sens ne vous dit-il pas qu'un régiment dont le personnel en chevaux est en partie renouvelé n'offre ni cohésion, ni résistance et qu'il se fondra comme le grésil au mois du renouveau?

Nos généraux et nos colonels *d'alors*, qui, nous le répétons, avaient l'expérience de la guerre, savaient que les chevaux de troupe ne se font qu'avec le temps et que ce sont les plus vieux, quand ils n'ont pas été surmenés, qui résistent le plus longtemps en campagne. A aucun prix ils ne voulaient des extrêmes et gardaient un juste milieu dans tout.

Ils pensaient encore que le rôle imposé à la cavalerie belge diffère essentiellement de celui des deux grandes nations, nos voisines, qui, elles, sont plus ou moins forcées à des marches plus longues et plus rapides, à des luttes plus lointaines et plus prolongées, et que, si nous avions à défendre nos frontières quelques étapes suffiraient pour nous concentrer.

Avant tout, ils tenaient donc — et pour cause! — à avoir des chevaux faits, acclimatés, robustes, ayant du jarret et du corps. Or, dans ses conditions, qui étaient les nôtres, les fatigues que nous aurions eu à supporter, les charges que nous aurions eu à fournir pendant une campagne pouvaient être endurées et fournies avec autant d'entrain, que d'honneur et de succès.

FILS D'ANCIENS MILITAIRES.

Pour un soldat, la seule politique
C'est de chérir son drapeau, son pays ;
Sois toujours fier de servir la Belgique,
La liberté plane sur tous ses fils !
Si l'étranger menaçait ta patrie,
Suis ce qu'alors l'honneur commandera,
Et meurs plutôt que de la voir flétrie !
Fais ce que dois, advienne que pourra.

L'honneur, mon fils, qu'il devienne ton guide,
Soit que le sort te favorise ou non ;
L'homme de cœur n'a que lui pour égide ;
Honneur vaut mieux que richesse et renom.
L'honneur, mon fils, c'est la plus belle plume
Qu'à ton chapeau ma main attachera.
Sache rester fidèle à ma coutume.
Fais ce que dois advienne que pourra.

Conseils de mon père. — Fragment. — A. DAUFRESNE.

En bonne logique les enfants sont le prototype de leurs parents ; tel père, telle progéniture, dit l'adage ; et les exceptions à cette règle ne sont que des exceptions. Les races ne se transmettent pas seulement leur forme physique, mais encore leurs aspirations morales, les propensions de l'esprit et de l'âme, plus précieuses peut-être que les formes extérieures. Le milieu dans lequel on a vécu, les orages qui ont assailli l'existence, en un mot les joies et les peines, peuvent faire varier, il est vrai, ces dispositions héréditaires, mais la plupart restent et surnagent même sur l'onde amère des déceptions.

Van Remoortere avait une prédilection marquée pour les fils d'anciens militaires. Il savait, mieux que personne, qu'ils avaient été bercés aux récits de guerre, instruits dans l'amour du pays, le respect de l'autorité et la crainte de Dieu; qu'ils étaient habitués dès l'enfance à caresser des armes et des chevaux; façonnés au frein, qu'ils préféraient le son de la fanfare guerrière à toute autre musique et qu'ils ne pouvaient en quelque sorte embrasser d'autre carrière que celle du père.

Quelquefois cependant ce père dont on a méconnu les titres et les droits, dont on a froissé tous les sentiments, cherchera, en se donnant pour exemple des mécomptes de l'état militaire, de l'injustice et de l'ingratitude des hommes, à détourner ses enfants de cette vocation.... Ce sera en vain! Ils lui répondront : notre famille compte ses générations par boucliers et nous ne serons pas les premiers à faire exception.

Heureux, dirons-nous, les colonels qui ont beaucoup de soldats de cette catégorie, heureux les soldats qui ont de tels chefs ; les galons et les épaulettes qu'ils auront mérités plus tard seront portés avec autant d'honneur que de distinction et le régiment en sera fier.

Van Remoortere surveillait de près ces jeunes gens; il leur faisait donner des leçons particulières, il les encourageait, il les plaçait sous l'égide de sous-officiers d'élite, il les recommandait aux instructeurs, et, plus tard, par suite de ces bons exemples, de ces soins constants, l'esprit militaire, le sentiment du devoir et de l'honneur qu'on avait pris la peine de développer en eux portait ses fruits. Le jeune homme par son aptitude, sa bonne volonté, ses services, son dévouement et surtout sa gratitude récompensait le noble chef qui lui avait servi de second père.

DU DÉTAIL.

Si l'instruction individuelle est de la dernière importance pour les cavaliers, le bon choix des officiers et leur
instruction militaire sont également indispensables, et il
vaudrait mieux, exiger pour entrer à l'école militaire et
en sortir moins de sciences exactes qui ne servent jamais,
et plus d'intelligence, de coup d'œil, d'agilité, de vigueur,
de connaissances pratiques du métier et d'habileté en
équitation

C'est ainsi qu'on obtient des Lasalle, des Seydlitz et
des Murat Je le répète, en fait de sciences exactes il ne
faudrait apprendre que ce qui est nécessaire à son état.
Et les écoles militaires devraient être instituées plutôt
pour éprouver et développer les aptitudes militaires au
moral et au physique que pour accroître l'instruction
générale, laquelle peut parfaitement s'acquérir en dehors.

Bonneau de Martray.

Les diverses instructions de Van Remoortere démontrent quelle importance il attachait à la *science du détail;* en effet, c'est la base fondamentale du service de la cavalerie ; le détail lui est beaucoup plus nécessaire qu'aux autres armes [1]. De lui dépendent les succès ou les revers d'un régiment. Bien compris et pratiqué, il fait le plus bel éloge des officiers subalternes et des sous-officiers.

---

(1) Nous rappelons que notre étude est spécialement écrite au point de vue de la cavalerie.

C'est lui qui mettra à la disposition d'un général des cavaliers adroits, intelligents, préparés de bonne heure au goût du cheval et à l'amour du métier.

L'instruction actuelle dirigée presque exclusivement vers les études abstraites ne permet plus de s'occuper avec fruit du détail. Cette instruction ne tend pas seulement à faire des chimistes ou des mathématiciens de nos officiers de cavalerie [1], mais elle ne tardera pas à en faire un bon nombre de pédants. Néanmoins, plus que personne, nous estimons à un haut degré l'instruction professionnelle, les études sérieuses, la science intelligente et

---

(1) « L'étude des lettres développe presque toutes les facultés de l'esprit : la mémoire, l'imagination, le jugement, le sentiment, le goût. L'étude des sciences n'en fait guères mouvoir simultanément que deux : l'attention et la déduction. De plus, l'attention qu'exigent les sciences mathématiques, est, pour ainsi dire, une ligne droite.

« L'esprit humain, dit madame de Staël, agit en mathématiques comme un ressort qui suit une direction toujours la même.

« Pascal, ce génie aussi grand comme philosophe que comme mathématicien, a reconnu lui-même le défaut des intelligences formées par les mathématiques.

« L'arithmétique et l'algèbre se bornent à nous apprendre de mille manières des combinaisons toujours identiques. Les problèmes de la vie sont les plus compliqués ; aucun n'est positif, aucun n'est absolu ; il faut deviner, il faut choisir à l'aide d'aperçus et de suppositions qui n'ont aucun rapport avec la marche infaillible du calcul. Voilà pourquoi on a remarqué que les mathématiciens ont presque tous le jugement faux, et pourquoi les révolutionnaires les plus radicaux et les plus exaltés étaient pour la plupart des mathématiciens.

« L'étude des mathématiques habituant à la certitude irrite contre toutes les opinions opposées à la nôtre, tandis que tout ce qu'il y a d'important pour la conduite de ce monde, c'est d'apprendre à connaître les autres, c'est-à-dire de concevoir tout ce qui les porte à penser et sentir autrement que nous.

« Les mathématiques conduisent à ne tenir compte que de ce qui est prouvé ; tandis que les vérités primitives, celles que le sentiment et le génie saisissent, ne sont pas susceptibles de démonstration.

« Enfin, les mathématiques soumettant tout au calcul inspirent trop de respect pour la force ; et cette énergie sublime qui ne compte pour rien les obstacles et se plaît dans les sacrifices s'accorde difficilement avec le genre de raisonnement que développent les combinaisons algébriques. Il est donc dangereux, au point de vue moral, comme au point de vue intellectuel, de faire des sciences le commencement de l'éducation, et, par conséquent le principe déterminant le caractère d'une nation. »

Cette citation est extraite du journal français *La Nation* (1860).

progressive acquise par le goût du travail, mais quant aux sciences exactes, aux études abstraites que l'on croit, de nos jours, si nécessaires à la *cavalerie,* et dont l'utilité réelle, pratique est au moins problématique, nous sommes parfaitement de l'avis du colonel d'état major français Bonneau de Martray à qui nous avons emprunté l'épigraphe de ce chapitre.

Cherchez donc à faire comprendre aujourd'hui aux jeunes officiers que la connaissance du détail est la plus importante, qu'ils sont pour ainsi dire obligés de mettre leurs premiers soins et leur intelligence à l'acquérir ; qu'il entretient l'esprit militaire, qu'il est une source d'instruction et de relations salutaires pour tous les membres d'un même corps ; que sans le détail ils ne connaîtront jamais leurs hommes et leurs chevaux. Tout en convenant de ces vérités, ils auront l'air de suivre vos avis, mais quant à s'occuper sérieusement et avec zèle du détail? C'est autre chose ! Leur tête remplie de combinaisons stratégiques, de plans où les trois armes qu'ils dirigent en imagination, remportent victoires sur victoires; de théories qui expliquent comment ils auraient gagné les batailles que les grands hommes de guerre ont perdues, leur fait prendre le détail en grippe et en dédain. Ils sont préoccupés du désir de commander, de *manier* les grandes masses; ils ne quittent guères les hautes régions pour le terre à terre du métier [1], en un mot l'ambition les dévore. Que l'on crée,

---

[1] La force de notre arme a son origine dans l'amour du cheval et dans la bravoure des cavaliers ; elle consiste dans la connaissance et l'étude approfondie des détails, mais quels détails ! l'Équitation, le Tir, l'Escrime, la Gymnastique, l'Hygiène, l'Hoppologie, l'Administration, les divers reglements, la connaissance des hommes, l'art de s'en faire aimer et respecter, les divers fonctions de tous les grades ; tout ce qui se rapporte à l'armement, au harnachement, au paquetage ; les soins à donner au cheval, soit à l'état de santé, soit quand il est blessé ou malade; la ferrure, la manière de régler les allures dans les marches, sur le champ de bataille ; les différentes écoles à pied, à cheval, le service compliqué des avant-postes, etc.

Cette science devrait être familière à tous les degrés de la hiérarchie, et

en Belgique, le grade de Maréchal c'est à peine s'il satisfera à nos généraux en herbe.

De notre temps il n'en était pas tout-à-fait ainsi, l'amour du métier était la grande affaire. Par devoir autant que par une résignation philosophique on se contentait de sa position. On évitait ces rêves malsains et ambitieux qui prennent leur source dans l'ignoble égoïsme et qui tuent l'esprit militaire. Bien que l'armée se trouvait sur le pied de guerre, l'avancement était assez rare. Pendant dix ans nous avons conservé le même général, le même colonel, les mêmes majors. Ces chefs de notre famille militaire ne se plaignaient pas, et, comme eux nous conservions bravement, pendant de longues années les mêmes galons ou les mêmes épaulettes, et, je vous le jure, nous en étions bien fiers !

« On savait qu'avant d'être général on est centurion et qu'avant d'être centurion on est soldat » (Saint-Grégoire de Naziance.) On

---

elle ne l'est qu'à un petit nombre ; beaucoup la dédaignent même parce qu'ils se figurent qu'elle est trop simple, trop vulgaire, et pourtant, nous ne cesserons de le répéter, c'est elle qui est indispensable, pratique, la seule qui soit de nature à préparer et à assurer les succès de la cavalerie. Car, en effet, de quoi s'agit-il pour nous en temps de paix ? de bien dresser et discipliner hommes et chevaux, de manœuvrer avec promptitude et habileté ; d'inspirer une noble émulation à nos cavaliers, de les exercer avec méthode et intelligence au service de campagne ; de perfectionner notre instruction militaire au point de vue de la topographie, du lever du terrain, de la connaissance approfondie des cartes, de l'étude de la langue allemande, de la tactique des trois armes et des questions qui sont du domaine de l'histoire et de la littérature ; puis, si c'est en temps de guerre, d'arriver sur le champ de l'action avec des cavaliers braves, stylés à la discipline, habiles en équitation, adroits à manier leurs armes, et montés sur des chevaux en bon état, bien ferrés, rompus aux fatigues, ayant le paquetage bien équilibré.... Et, alors, si votre coup d'œil n'est pas formé, si vous ne savez pas profiter d'un terrain favorable, si vous n'avez pas la confiance de vos troupiers, s'ils ne vous savent pas résolu à vous faire rompre le cou plutôt que de reculer, si vous ne savez pas rapidement trouver le moyen et l'occasion de vous précipiter sur l'ennemi, avec la certitude que vous serez hardiment suivi et que votre charge impétueuse et votre fougue guerrière seront couronnées de succès, je vous demanderai de quel secours sera pour vous, pour vos cavaliers et pour le pays votre bagage scientifique ?

Extrait de la biographie du maréchal de Luxemburg. — A. DAUPRESNE.

ne se jalousait pas bassement et la fraternité guerrière était à l'ordre du jour. Il faut que tout le monde vive ! Disions-nous ; à présent, chacun prétend vivre à l'exclusion de son semblable ; il n'y a presque plus que les dupes qui ne soient pas préoccupées de leurs intérêts et qui apprennent à une dure école la valeur de la justice humaine.

Revenons aux instructions du vieux temps.

—

« Il faut que les lieutenants et sous-lieutenants s'habituent à voir leur peloton de plus près et cela au moins une fois par jour, qu'ils soient ou non de semaine. Non seulement ils doivent connaître le nom, l'âge, le lieu de naissance, l'ancienne profession de leurs hommes, mais surtout leur caractère, leurs aptitudes, leurs dispositions, leurs antécédents ; cela ne s'apprend pas en un jour. »

—

« Dans la théorie pour seller et brider on s'attachera spécialement à faire comprendre aux hommes l'effet du mors et de la gourmette sur la bouche du cheval ; dans les différents degrés d'ajustement on leur indiquera celui convenable pour la hauteur du mors et la longueur de la gourmette ; dans ce but on leur fera brider leur cheval pour leur enseigner les effets contraires d'un mors pendant trop bas ou monté trop haut dans la bouche du cheval, d'une gourmette trop longue ou trop serrée, l'ajustement de la muserolle et de la sous-gorge que beaucoup de cavaliers serrent outre-mesure sans ce rendre compte du supplice qu'ils font subir à leur monture. On fera ressortir avec quel soin il faut battre, sécher et plier la couverture avant de seller ; on doit indiquer les parties du cheval qui sont les plus exposées aux blessures, les premiers soins à donner aux chevaux blessés, la nécessité de vérifier chaque jour l'état de la ferrure, etc. Ces parties si importantes de l'instruction des cavaliers réclament la sollicitude de tous les chefs et ne sauraient être trop inculquées aux hommes. On leur enseignera également la lon-

gueur nécessaire des étriers pour avoir une bonne et solide position
à cheval ; les effets pernicieux des saccades, les soins à donner aux
chevaux en route, etc.

« On aura soin de former les classes des hommes parlant la même
langue.

« Ces théories ne doivent pas être faites machinalement ; il faut
que l'officier s'ingénie à leur donner de l'intérêt, de l'attrait, à stimuler
le zèle des cavaliers, à leur inspirer de la confiance, à les mettre
à l'aise et à les questionner familièrement ; et souvent, alors il sera
agréablement surpris du bon sens et de l'intelligence de ses soldats. »

VŒUX DE NOUVEL AN.

Si quelque chef s'avisait de dire : « que m'importe l'amitié de
« mes officiers, que m'importe la respectueuse affection de mes
« soldats, je ne désire que la considération due à mon grade. Je
« ne veux pas m'abaisser devant mes inférieurs, ils me doivent
« le respect, c'est tout ce que je réclame d'eux. » La justice, le
bon sens et l'expérience ne tarderaient pas à lui répondre : vous
ne méritez que l'indifférence, le dédain, la haine et le mépris.
Votre langage et votre conduite dénotent un cœur sec, un esprit
chagrin et soupçonneux, une âme égoïste; arrière! Vous êtes
indigne de commander à des soldats !

Van Remoortere était l'antipode de ce portrait fantaisiste, il
s'évertuait non seulement à se faire aimer de ses soldats qu'il
traitait comme ses enfants, mais il s'attachait à leur inspirer
l'amour de l'uniforme et du régiment. Son beau caractère, son
excellent cœur atteignaient facilement un but qu'un autre eut
cherché vainement.

« A l'occasion du renouvellement de l'année je lève toutes les punitions infligées dans mon régiment. J'aime à croire que dorénavant on
me mettra le moins possible dans la pénible obligation de devoir
sévir.

« Je souhaite une année heureuse à MM. les officiers, sous-officiers et chasseurs, en un mot à tout ce qui fait partie du régiment que j'ai l'honneur de commander, et je forme des vœux sincères pour le bonheur de tous. Je trouverai toujours, indépendamment des devoirs qui m'incombent, un véritable plaisir à y contribuer le plus largement possible. Tous à mes yeux, officiers et chasseurs, ont les mêmes droits ; tous appartiennent à ma famille de prédilection. Je ne réclame d'eux autre chose que la conduite digne d'un soldat : obéissance à ses chefs et dévouement absolu à sa patrie et à son roi. »

« Je remercie MM. les officiers de la visite d'usage et les prie d'accepter ainsi que les sous-officiers et chasseurs les vœux ardents que je ne cesse de former pour leur prospérité, leur avancement et leur bonheur.

« Je recommande de nouveau aux chasseurs de ne pas commettre d'excès de boisson, comme il arrive souvent ce jour-ci. Rien ne me peinerait davantage que de voir des hommes ivres et débraillés circuler dans les rues, ce qui ne manque pas de produire le plus mauvais effet aux yeux du public.

« Le soldat qui a du cœur, qui tient à sa dignité et à celle de sa famille et du régiment sait résister à ce vice dégradant. L'homme qui boit d'habitude, au contraire, devient la honte de ses camarades et de ses chefs et l'objet du mépris général, il foule à ses pieds l'honneur du corps et se ravale au niveau de la brute. »

SOUS-OFFICIERS.

I.

« Les sous-officiers sont l'œuvre et le cachet de supériorité du colonel. Personne ne les lui impose. Ils prouvent son discernement et son esprit militaire.

« Les sous-officiers doivent donner l'exemple de la subordination, de la tenue, de la conduite, de l'exactitude ; ils le doivent en tout ce qui est bien.

« Les égards que l'on doit à ses chefs n'excluent pas la dignité de soi-même et de ses galons. La noble fierté sied au grade quel qu'il soit.

« Les différentes souches de bons sous-officiers sont d'un grand profit pour tous. La connaissance des vieux soldats rompus aux détails du métier, constitue une partie supplémentaire des reglements que les jeunes feront bien de consulter.

« La fraternité d'armes ne doit pas être une expression sonore et vide de sens. Rien de mieux que la confiance entre égaux.

« Les sous-officiers sont parties constituantes de la troupe ; ils la voient de près et souvent ; ils en connaissent l'esprit et la pensée. S'ils réunissent les qualités qu'ils doivent posséder, ils auront sur elle d'autant plus d'autorité qu'ils seront eux-mêmes plus pénétrés de leurs devoirs.

« L'habitude de commander doit initier à l'art de conduire les hommes, et cet art n'est autre chose que de leur inspirer la confiance, l'estime et le respect.

« Quand on est bien à la place que l'on occupe on n'est pas pressé d'en sortir. On doit comprendre au reste que l'avancement en temps de paix ne peut pas marcher comme sur le champ de bataille. Cette résignation fera l'éloge des sous-officiers et le juste orgueil du colonel. Il y trouvera la récompense de ses soins et de ses préoccupations pour ennoblir des grades indispensables. Car on mènerait un régiment avec de bons sous-officiers, tandis qu'on ne le pourrait avec d'excellents officiers sans sous-officiers.

« Le choix des sous-officiers se lie donc à de hauts intérêts ; la discipline et l'émulation, tous deux du premier ordre. »

Ces admirables réflexions et considérations du chef d'escadrons français Longuet, dénotent un penseur, un vrai ami du soldat, un noble cœur. Impossible de dire plus en peu de mots.

Longuet, en dessinant ce type de Colonel et d'un cadre de sous-officiers ne croyait peut-être pas qu'il était possible de lui donner muscles, nerfs et âme? Eh bien, « franchement et la main sur la conscience » (De Brack). Nous répondrons que si ! Pendant dix ans le 1ᵉʳ de chasseurs a eu ce colonel et ce cadre. Pas une ligne qui ne soit applicable à Van Remoortere et à ses sous-officiers.

II.

Nous avons porté les galons de sous-officier pendant 14 ans, par conséquent nous pouvons parler de ce grade en connaissance de cause.

L'école militaire n'existait pas à notre époque; c'était dans la pépinière des sous-officiers que l'on choisissait les candidats à l'épaulette. Cela seul explique l'émulation, le goût des armes, le patriotisme et l'esprit de corps qui régnaient alors dans nos cadres.

Cela seul démontre aussi qu'en changeant ou modifiant ce mode d'avancement on s'expose à voir périr de dégout et d'inanition les cadres des sous-officiers.

Pour ceux qui ne comprendraient pas l'importance de ce grade, nous dessinerons l'esquisse d'un maréchal-des-logis-chef, au point de vue de son utilité, des connaissances qu'on peut y acquérir et des aptitudes qui peuvent se développer dans ces fonctions.

L'administration est le mécanisme qui fait mouvoir les ressorts de l'escadron d'abord, du régiment ensuite. Elle élucide et résout toutes les questions, chaque branche du service s'y rattache, elle est la base de toute organisation militaire.

Les diverses prestations, l'armement, le harnachement, l'équipement, le personnel des hommes et des chevaux, la gestion du ménage et des différentes masses, la procédure, la responsabilité à tous les degrés de la hiérarchie, sont essentiellement du domaine d'une administration bien ou mal comprise ou dirigée.

Cette administration a, dans le maréchal-des-logis-chef son véritable représentant. Quand il est probe, actif, intelligent, on aime à lui appliquer la désignation, qui tout en faisant son éloge indique très bien l'importance de ses fonctions : *c'est la cheville ouvrière de l'escadron*. En effet, les détails multiples et compliqués du service lui sont familiers; il les étudie et les pratique à toute heure du jour. Grande science ! Il puise à la source des vrais principes; il vit avec les sous-officiers dont il est le chef; il est toujours en contact avec le soldat qu'il apprend à connaître, à apprécier et dont il se fait aimer et respecter. Il connaît l'âge, le signalement, les qualités ou les défauts du cheval de troupe, le régime auquel il est soumis; il doit savoir juger d'une bonne ou mauvaise ferrure; il apprécie les qualités des fourrages; il sait comment et dans quelles proportions il faut établir un ménage en garnison et installer son escadron dans les cantonnements ou au bivouac ; il initie peu à peu aux secrets du métier tous ceux qui lui sont subordonnés ; il donne l'exemple de l'ordre, de la discipline et de l'application.

A la manœuvre, tout en commandant un peloton ou en restant en serre-file, il a vite jugé si tel ou tel mouvement est bien ou mal exécuté ou commandé ; il est en rapport continuel et direct avec tous les chefs de service et profite de ce contact intelligent ; mais à son tour il peut renseigner les officiers de l'escadron sur n'importe quel détail de service, jamais on ne le prend au dépourvu. L'aptitude militaire, les facultés intellectuelles se développent rapidement dans cette position exceptionnelle. Demandez à la plupart des capitaines commandants à qui ils s'adresseront, dans des moments critiques, soit en temps de paix soit en temps de guerre, et ils vous répondront tous : au maréchal-des-logis-chef qui répond au type que nous venons de tracer.

Quand des sous-officiers de ce mérite recevaient l'épaulette, on pouvait dire qu'elle était bien portée et qu'ils rendraient de bons services à leur arme.

Les devoirs variés, essentiels, pratiques, qui, découlent du service de maréchal-des-logis-chef, et qui embrassent tous les détails de l'arme de la cavalerie, peuvent-ils s'acquérir à l'école militaire ? Nous ne le croyons pas et le plus grand tort de beaucoup d'officiers qui sortent de cette école, c'est de juger ces devoirs indignes des hautes sciences qu'on leur a enseignées, et qu'ils oublient en peu de temps. S'il en est quelques uns qui devinent l'importance de ces détails, de ces principes élémentaires, mais indispensables, la généralité n'en connaîtra jamais que la superficie, attendu que l'initiation première leur fera défaut ; ils n'auront d'autre ressource que l'expérience pour se tirer d'affaire ; mais l'expérience ne s'acquiert pas en un jour.

Que dirait-on d'un médecin qui ayant à traiter un malade

négligerait le cœur pour ne s'occuper que de la tête et des
membres? Eh bien, de nos jours, on traite l'armée à peu près de
cette façon; en un mot que fait-on pour les sous-officiers qui sont
l'âme d'un régiment? Que fait-on? Au lieu de revenir franchement sur ses pas, on essaye des palliatifs, on a recours à d'éter-
nelles commissions et l'état du malade en question périclite de
jour en jour.

ORDRES PARTICULIERS.

Entrer dans trop d'explications à propos d'un service où la responsabilité du chef immédiat est engagée, c'est une maladresse de la part d'un colonel ; c'est amoindrir ce chef aux yeux de la troupe, c'est lui enlever l'initiative qui lui appartient. N'avons-nous pas vu, quand il était question du départ d'un escadron ou de préparatifs pour aller au camp faire d'interminables et filandreuses recommandations à des vieux commandants d'escadrons ? Van Remoortere n'a jamais donné dans un pareil travers, nous allons en juger.

« J'informe le régiment qu'il doit être rendu incessamment au camp de Schilde ; en conséquence j'engage les capitaines commandants à tenir tout prêt et dans le plus grand ordre de manière à pouvoir monter à cheval au premier coup de trompette.

« Malines, 6 octobre 1833. »

« Ne voulant qu'un seul esprit, qu'une seule âme dans le régiment, le 7° escadron, nouvellement créé, se conformera pour le service intérieur et pour l'instruction aux ordres que j'ai prescrits pour les autres escadrons.

« Gand, 24 avril 1833. »

« Le 7ᵉ escadron se mettra en marche aujourd'hui, à 8 heures du matin pour Bastogne.

« La destination de cet escadron sera indiquée ultérieurement.

« Les hommes et les chevaux hors d'état de marcher seront placés en subsistance au 6ᵉ escadron.

« Malines, 27 décembre 1837 à 1 3/4 du matin. »

CHEVAUX BLESSÉS.

Parti de Malines le 27 décembre 1837, le 7ᵉ escadron (1) arriva à Bastogne le 2 janvier 1838 sans avoir un seul cheval blessé; deux mois plus tard, parti de Neufchâteau, après avoir longé la vallée de la Meuse, il rentra à Malines et il en fut de même.

A quoi attribuer ce brillant résultat?

Nous allons le dire :

Et d'abord on s'occupait du *détail,* on en comprenait toute l'importance et l'absolue nécessité.

Les cadres étaient choisis et dévoués, l'expérience leur était acquise.

Les cavaliers aimaient leurs chevaux.

Ces chevaux leur appartenaient réellement; un chasseur n'était démonté que pour des motifs extrêmement graves.

Les hommes étaient stylés à la vie variée des cantonnements, aux alertes de jour et de nuit, aux changements imprévus et au service d'avant-postes.

En route les armes et harnachements étaient graissés, les fourrages reçus, pesés, vérifiés, étaient distribués à l'arrivée;

---

(1) Je faisais partie de cet escadron en qualité de fourrier; j'étais donc à même d'être renseigné sur tout ce qui concerne ce chapitre.

point de parties de drogues; pas d'appels inutiles, ce qui permettait aux cavaliers de consacrer plus de temps à leur monture.

On ne sellait qu'une heure avant le départ; on avait pour principe de laisser reposer le cheval dès son arrivée à l'étape.

On entendait mieux la science des allures pendant les marches; elles ne se faisaient pas aujourd'hui en casse-cous, demain en sommeillant.

On tenait peu à l'exactitude méticuleuse des distances; la tête était bien réglée, chaque cheval pouvait marcher librement son pas.

Si le cavalier avait des vivres ou des objets de campement il en équilibrait le poids à sa volonté.

On se gardait bien de trotter en gravissant ou en descendant des pentes.

Le cavalier qui, d'aventure, blessait son cheval était raillé par ses camarades et plus surveillé par ses chefs.

En quelques mots explicites et frappés à propos, Van Remoortere stigmatisait le mauvais cavalier.

Si deux ou trois chevaux étaient blessés dans un escadron, on en imputait le cause et la responsabilité à son commandant, qui était certain d'être mal noté.

Quand on faisait une halte il n'était pas nécessaire de recommander au cavalier de lever les pieds de son cheval, d'examiner le paquetage, la boucle de la sangle, la position de la couverture, de dégager les crins du garrot, de rétablir la chambre, de laisser son cheval tranquille, de veiller à ce qu'il ne se frottât pas aux autres, etc.

On lui avait appris les parties du harnachement qui exposent le plus le cheval à se blesser, son attention s'y portait d'elle-même.

Il connaissait les premiers soins à donner quand le garrot, les côtes, le rognon ou le passage des sangles étaient lésés ou seulement échauffés.

Il savait que bon repas le soir et litière aussi abondante que possible pour la nuit réparent complètement les forces du cheval.

Les couvertures étaient l'objet de soins particuliers, et d'abord elles étaient de bonne qualité et d'une dimension bien calculée, puis on s'attachait à les bien plier, à les nettoyer, à les sécher, à les rendre moëlleuses et à les replier avec attention. Il est vrai qu'elles en valaient la peine alors, car on ne les avait pas réduites de moitié !

En un mot nos chasseurs d'alors étaient cavaliers autant par goût que par devoir.

TENUE.

———

Une preuve du rare bon sens qui distinguait les chefs de cette
époque c'est que de 1831 à 1840, la tenue n'a subi aucun chan-
gement.

Cette tenue était belle, militaire, distinguée et éminemment
nationale. Or, c'est quelque chose au point de vue de l'esprit
guerrier et pour déterminer la vocation des jeunes gens.

Ceux qui n'ont pas vu cette tenue n'ont qu'à jeter les yeux
sur le portrait de notre héros et nous sommes bien certains
qu'ils seront de notre avis. *Jamais* je n'ai entendu le chasseur,
le lancier, le guide ou le cuirassier se plaindre que cette tenue
l'incommodât ou gênât ses mouvements[1]. Leurs aînés avaient
fait la guerre pendant de longues années avec des coiffures plus
pesantes, des armes moins bonnes et des habits moins bien appropriés à l'homme. Le vrai, c'est qu'ils étaient moins douillets et
plus soldats que de nos jours.

Après les nombreuses et onéreuses modifications que l'on a
fait subir à la tenue et au harnachement (je ne parle pas de

———

(1) Nos artilleurs seuls, cent fois mieux avisés, ont conservé leur belle et
sévère tenue. Allez-donc leur demander s'ils sont disposés à la changer ?

Les hulans prussiens qui ont fait la dernière guerre (1870-71) — et elle
a été rude et longue — avaient les mêmes armes, le même arçon et à peu de
chose près la même tenue que nos lanciers avant 1839.

l'armement, celles-là sont indispensables), nous nous demandons où l'on en est arrivé? Nos cavaliers ont, il est vrai, un costume que ne dédaignerait point un marchand de vulnéraire ; d'autre part et lors du dernier camp de 1873, j'ai vu revenir dans sa garnison un régiment de cavalerie qui avait plus de 200 chevaux blessés! (Oh! harnais remodifiés, oh! progrès de l'équitation, oh! système d'entrainement!) et je me suis demandé, mais à quoi sert donc ce fameux, cet incomparable progrès, si après tant d'essais, de changements, d'innovations, de tâtonnements, vous en aboutissez là ?

Et moi, naïf, qui croyais que notre cavalerie était bel et bien sortie de l'ornière des préjugés, de la routine, etc. !...

ESCRIME.

———

« J'informe le régiment que pour les fêtes de Septembre prochain il y aura un grand concours d'escrime dans la garnison et que des prix seront décernés aux vainqueurs en présence du corps d'officiers, par une commission nommée à cet effet.

« L'escrime est le complément obligatoire de l'éducation du soldat; elle lui donne de la confiance et du nerf, et le rend plus apte à défendre sa vie et à terrasser son ennemi sur le champ de bataille. De plus, elle développe les facultés physiques tout en donnant à l'homme une attitude martiale et une allure dégagée.

« Je me flatte que mon espoir ne sera pas déçu et que j'aurai le plaisir de voir figurer un bon nombre de concurrents. Je n'ai pas besoin d'ajouter que je tiendrai bonne note de ceux qui auront obtenu une distinction quelconque. »

———

« L'escrime qui est non seulement indispensable à tout militaire, mais qui a encore l'avantage de développer les facultés de l'homme doit être en honneur dans notre beau régiment. J'invite donc MM. les commandants d'escadrons à ordonner qu'au moins de jour à autre chaque homme prenne une leçon d'escrime. J'exigerais que ce fût chaque jour si le grand nombre de chasseurs à instruire le permettait. »

« J'ai pu m'assurer que la contre-pointe est beaucoup négligée pour l'escrime à l'épée. Je rappelle que cette dernière ne doit être considérée que comme accessoire et ne peut être enseignée que hors d'heure aux amateurs qui prennent des leçons particulières. Le nécessaire d'abord, l'art viendra ensuite. J'ordonne de nouveau que la contre-pointe seule soit l'instruction de rigueur, comme étant celle de l'arme que l'homme porte. »

———

« Les armes que le pays confie au soldat pour le maintien de sa dignité et de son indépendance, imposent à ce dernier l'obligation de savoir les manier avec adresse et confiance. L'escrime seule peut le mener à ce résultat; Je ne puis donc assez recommander aux cavaliers de fréquenter assidûment la salle d'armes. »

AVANT-POSTES.

———

« Je recommande aux officiers et sous-officiers l'étude sérieuse des avant-postes de cavalerie par le colonel De Brack. Dans les circonstances où nous sommes, il est impossible de trouver des instructions plus claires, plus pratiques et plus complètes. La lecture en est aussi attrayante qu'utile. L'honneur, la vérité, le désir de rendre service à son arme ont admirablement inspiré cet officier supérieur. Son expérience consommée de la guerre des avant-postes donne une grande autorité à ses leçons. Les conseils judicieux qu'il énonce sont appuyés d'exemples saisissants et de faits d'armes propres à stimuler l'esprit militaire. L'auteur possède un style original, précis, nerveux, mouvementé. On sent bien que la main qui dirige cette plume hardie et intelligente a bravement manié l'épée.

« J'engage vivement les officiers et sous-officiers à placer ce petit volume dans leur sacoche ou le bissac : c'est la meilleure lecture que nous puissions faire dans les cantonnements ou au feu du bivouac. »

—

« Quelques chevaux font encore des difficultés pour sortir des rangs. Dans les cantonnements on profitera autant que possible des localités libres pour exercer la troupe au service des tirailleurs, où tout chasseur doit exceller. »

—

« Les commandants de détachements et des différents postes

désignés pour la surveillance de la frontière, prendront avec la plus grande exactitude des officiers et des sous-officiers du 1ᵉʳ régiment de lanciers qu'ils relèveront, les consignes diverses, dont les principales sont de se garder militairement de jour et de nuit, de rester en constante communication avec les postes voisins, d'être sans cesse sur le qui-vive, de pousser des reconnaissances en avant, à une et même deux lieues, sans jamais toutefois dépasser la frontière. Ils s'attacheront à bien connaître la zône qui doit être surveillée, particulièrement les chemins, sentiers et autres communications, les lieux propres aux embuscades, la ligne de retraite, etc. Ils prendront tous les renseignements sur la position, les intentions et les mouvements de l'ennemi ; à cet égard le plus petit renseignement a son prix. Ils mettront tout en œuvre pour éviter ces surprises qui déshonorent une troupe et enhardissent l'adversaire. De fréquentes patrouilles s'assureront que les petits postes et les vedettes comprennent bien leur consigne et sont alertes et vigilants ; en cas d'événements ils préviendront sur le champ l'état-major, les postes voisins, etc.

« J'espère en un mot que nous ne serons jamais pris au dépourvu et que dans le cours de cette campagne nous trouverons plus d'une fois l'occasion de nous signaler. Mes chasseurs peuvent avoir confiance en moi comme j'ai confiance en eux. »

« Informé par les rapports des avant-postes que l'ennemi se montre en plus grande force sur nos frontières, j'engage MM. les officiers de tout grade, sous-officiers et chasseurs, à redoubler de zèle et de vigilance dans leur service et aux avant-postes.

« Qu'ils se pénètrent bien de la honte qui les attend s'ils se laissent surprendre par l'ennemi. Mieux vaudrait cent fois la mort que d'être promenés en trophées par lui ! Je compte trop sur l'honneur des braves qui composent mon régiment pour croire un seul moment qu'un tel affront puisse nous arriver. »

DÉSERTION.

Le colonel Van Remoortere a flétri ce crime dans un langage respirant une mâle et antique énergie ; les ordres qu'il nous a laissés à ce sujet peuvent être cités comme des modèles du genre.

« Deux hommes indignes de servir dans nos rangs viennent d'abandonner lâchement notre étendard. Ils se nomment J... et C... Je viens d'apprendre qu'ils ont été arrêtés à Moerdyck, où, à leur entrée, ils ont été accueillis à coups de pierre par le peuple qui criait : *voilà déjà ces lâches belges qui arrivent, dans la peur d'être tués par nous à la campagne prochaine!*

« L'exaspération était telle que la garde dut venir au secours de ces infâmes. Ils ont été ensuite arrachés de leurs chevaux, désarmés, puis ont été aussitôt dirigés sur Herderwyck, dépôt des malheureux destinés pour l'expédition de Batavia.

« Je ne puis concevoir comment un soldat qui défend aujourd'hui la plus belle des causes : pays, indépendance, drapeau, puisse renoncer à cet honneur pour aller se jeter dans les bras de l'étranger, de l'ennemi le plus acharné que jamais belge ait eu à combattre ! Chasseurs ces hommes n'étaient pas des soldats !

« J'ai appris aussi indirectement, que de vils embaucheurs rôdaient dans les cantonnements. Je donnerai une somme de cinquante francs à celui qui m'en amènera un, et je promets que j'en ferai prompte et éclatante justice. »

« Je ne regrette pas les deux mauvais soldats qui viennent de quitter honteusement le régiment et leur patrie ; leurs déplorables antécédents me faisaient prévoir leur désertion, mais je plains le faible et malheureux chasseur B... qui, par des conseils perfides, s'est aussi laissé entraîner à ce crime odieux. Il ne devait cependant pas ignorer qu'il allait sacrifier non seulement ses parents, ses amis, ses souvenirs d'enfance, mais aussi sa patrie ! Jamais il ne reviendra dans ses foyers, car la honte et un châtiment exemplaires l'y attendent. Et pourtant quel sort ne lui est-il pas réservé à l'étranger ? Le déserteur n'est-il pas l'objet de la défiance et du mépris de tous ? En tout pays n'est-il pas considéré comme un infâme ? »

—

« Le chasseur H... portait des armes destinées à la défense de sa patrie ; il vient de les abandonner !

« Le chasseur H... avait des devoirs de soldat et de citoyen à remplir, il s'y est soustrait lâchement !

« Le chasseur H... avait un bon cheval de guerre, il l'a volontairement privé de soins et de nourriture le jour de sa désertion !

« Le chasseur H... possédait encore sa vieille mère, il la laisse en proie à la honte, à la douleur et à la misère !

« Le chasseur H... servait sous un étendard dont la vue seule nous transporte ; il lui tourne le dos !

« Voilà ce que le chasseur H... vient de faire, il est passé à l'ennemi ! que notre implacable mépris l'accompagne ; tôt ou tard il recevra le châtiment de son infamie ! »

—

« Le chasseur P... vient de passer à l'ennemi !

« Depuis trois ans fait pareil, heureusement pour l'honneur du régiment, ne s'était plus reproduit. Je ne croyais même pas à la possibilité de trouver encore dans nos rangs un être aussi lâche, aussi méprisable. J'espère bien que la désertion de P... nous aura purgé du dernier brigand de cette trempe.

« Cet infâme qui pour jamais a renoncé à la glorieuse vie de soldat, qui a délaissé ses amis, sa famille, sa patrie, qu'il sache bien que s'il revient vers nous la mort par les armes l'attend !

« D'après les renseignements que j'ai reçus le châtiment que cet homme mérite a déjà commencé pour lui : à peine était-il arrivé sur le territoire ennemi, qu'il fut arraché de son cheval, dépouillé de son uniforme, maltraité et conduit de brigade en brigade, comme un forçat, dans les prisons de Herderwyck, en attendant qu'il soit exporté aux colonies.

« Pendant le trajet il a été accablé d'injures et de menaces par tous ceux qui se trouvaient sur son passage, Les femmes criaient : le lâche ! il a abandonné ses sœurs et sa mère ! Et les hommes : Couard ! tu viens vers nous de crainte de te trouver un jour devant nos armes...

« Chasseurs, le mépris de l'étranger, quelle punition déjà ! Eh bien, une plus terrible encore lui est réservée : la misère, la honte, le remords !..

« Je porte ces faits à la connaissance du régiment afin de lui dépeindre toute l'horreur d'une pareille action qui, aux yeux mêmes du plus grand ennemi de notre patrie et de notre liberté paraît ignominieuse.

« Mais, chasseurs, c'est ce même P... qui dans le cantonnement de Gheel a volé une montre et que la justice n'a pu condamner faute de preuves. »

—

« Le chasseur Clager, du 2ᵉ escadron, est nommé brigadier pour la belle conduite qu'il a tenue et le patriotisme qu'il a montré en poursuivant un de ses camarades qui passait à l'ennemi, en l'arrêtant et en le ramenant à son capitaine. Je lui en témoigne ma vive satisfaction, qui eût été à son comble, si, au lieu de ramener ce lâche, il en eût fait lui-même promptement justice, comme il en avait le droit, sur le territoire ennemi.

« Le maréchal-des-logis Breton a fait preuve d'énergie en cette circonstance ; je l'en félicite et j'espère qu'avant peu je pourrai faire quelque chose pour lui.

« Ces deux braves soldats m'ont prouvé, une fois de plus, que le sang belge coule dans leurs veines. »

Si Clager, le hardi chasseur dont Van Remoortere fait un si bel éloge, eût lui-même fait justice du coupable, le régiment eut été privé de ce magnifique ordre qui parut le jour même de l'exécution de ce déserteur :

« Chasseurs,

« Un sang qui n'aurait dû couler que pour la noble cause que nous défendons vient d'être versé pour expier une action infâme : celle de la désertion à l'ennemi. Il est malheureux pour moi, vieux soldat de l'empire, père d'une famille que j'aime (mon régiment), d'en voir exclus d'une manière aussi dégradante, un membre qui aurait dû participer, non seulement à la gloire que nous sommes à la veille d'acquérir, mais encore à la noble tâche qui est imposée à tout bon soldat, de servir fidèlement sa patrie et son roi. Je suis convaincu que ce sera le dernier exemple de cette nature que mon cœur aura à déplorer. Je connais les nobles sentiments qui animent le régiment que j'ai l'honneur de commander, et je me flatte que désormais le sang du 1er régiment de chasseurs à cheval ne coulera plus que sur le champ de l'honneur ! »

DISCIPLINE.

La subordination est l'esprit même de la discipline ;
c'est le résultat de l'éducation militaire. Elle assure le
respect dû aux chefs et provoque une confiance réciproque entre celui qui commande et celui qui obéit.

A. LEMOINE, *Guide du soldat.*

Peu de chefs ont attaché plus d'importance à la discipline que Van Remoortere ; il se plaisait à en parler souvent à ses cadres. Voici quelques unes des maximes qu'il développait et formulait à ce sujet. Nous les reproduisons textuellement.

« Le chapitre 1er du reglement du service intérieur résume tout ce que l'on a écrit et pensé de mieux sur la discipline. Il devrait être gravé en lettres d'or dans le cœur de tous les chefs. Si l'on était mieux pénétré de son esprit, l'ordre, la moralité, le goût du service, la confiance et l'union règneraient dans tous les régiments.

« Prévenir les fautes, par des conseils ou des avertissements, ou une surveillance active, voilà le premier devoir d'un chef.

« Dans notre état, il ne faut exiger que des choses indispensables, ou réellement utiles et avantageuses ; on doit s'attacher à en faire comprendre la nécessité au point de vue des intéréts du service et du soldat.

« Etre indulgent pour les fautes légères est d'une bonne tactique ; elle rapporte l'affection et la gratitude ; mais il faut être impitoyable pour tout ce qui est insubordination, vices invétérés, désordres graves.

« Soldat soit respectueux et obéissant, mais vous, chef, soyez calme, sensé et juste. Avant de sévir, songez qu'une punition grave peut souiller à tout jamais une page en tête de laquelle figure le nom d'un jeune homme d'avenir ; rappellez-vous votre passé, qui n'est sans doute pas exempt de faiblesses non plus ; et ne perdez jamais de vue que vous avez mission d'instruire, de conseiller, de guider et non de punir.

« Punir et récompenser est un devoir qui sagement compris et pratiqué, produirait de grands résultats, mais peu d'officiers en étudient le véritable sens.

« Une punition injuste a toujours des suites funestes ; non seulement elle inspire la haine et le mépris contre celui qui l'inflige, mais encore elle irrite et gâte le caractère de celui qui est forcé de la subir avec les apparences de l'avoir méritée.

« Élever le niveau moral et intellectuel de la troupe au plus haut degré possible, obtenir la confiance des hommes sous ses ordres, c'est le vrai moyen de diminuer le nombre des punitions.

« Plus un homme est vicieux, plus il doit être occupé, n'importe à quel exercice, à quelle corvée.

« Il faut s'attacher d'abord à bien connaître le caractère de sa nation, puis, ce qui est plus long et plus difficile, celui des subordonnés qui vous sont confiés.

« Sévissez sans retard quand il y a urgence ; mais que l'on sache bien que vous êtes plus prompt encore à récompenser.

« Si un homme enclin au vice et qui jusque là était resté sourd aux bons conseils paraissait vouloir changer de conduite, ne tardez pas une seconde ! Encouragez-le, soutenez-le, donnez-lui tous les moyens de faire peau neuve, il deviendra, peut-être plus tard, l'un des meilleurs sujets de votre escadron.

« Trois punitions de salle de police affaiblissent beaucoup le sentiment moral de n'importe quel homme ; deux punitions de cachot suffiront pour corrompre un autre. Comment pourrait-il en être autrement? Vous les mettez en contact avec les hôtes familiers de ces lieux : les plus mauvais sujets du régiment. Ils y entrent souvent avec la rage et le désespoir dans l'âme. La froide humidité des murs qui les enferment, l'air vicieux qu'ils y respirent, tout contribue à aigrir leurs sentiments en même temps qu'à nuire à leur santé et les dispose au dégoût et à l'abrutissement.

« Donc, autant que possible, ne punissez que d'arrêts de chambre, d'arrêts au quartier : Homère a dit : *l'affreux instant qui met un homme libre aux fers lui ravit la moitié de sa vertu première.*

« Occuper le soldat, c'est lui ôter le temps de penser au mal, c'est dominer les passions par les fatigues du corps. L'on ne doit jamais craindre de paraître minutieux quand on a acquis un fond d'estime et de confiance et qu'on est à même de prouver que ce qui semble superflu ou indifférent est souvent essentiel.

« Il arrive qu'un service quelconque, un nouvel exercice commandé gauchement, sans intelligence ou avec rudesse, révolte et rencontre mille obstacles dans son exécution : cependant, les choses les plus difficiles et les plus compliquées sont exécutées sans efforts, quand le chef qui les ordonne a toutes les qualités requises pour commander.

« Les peines qui paraissent les plus inoffensives ont souvent des graves conséquences. Je ne cesserai de le répéter : il faut que leur choix soit subordonné au caractère, à l'éducation et aux habitudes de celui qu'on punit, et si l'estimation de la faute commise, du degré de culpabilité présente quelques difficultés, mieux vaut pencher du côté de la clémence.

« Un chef ne peut ignorer que la punition qui surpasse la faute, l'efface.

« En campagne, si l'officier veut se concilier les sympathies et l'estime de sa troupe, il est essentiel qu'il vive comme le soldat ; bien-être, privations, gloire, revers, tout doit être commun. Les douceurs et les distractions interdites à l'un ne doivent pas être recherchées par l'autre ; c'est alors surtout que l'exemple est de rigueur. Henri IV couchait sur la terre pour engager ses troupes à mieux supporter les fatigues inséparables de la profession des armes. Tacite dit de Vespasien que l'on ne distinguait pas sa manière de vivre de celle du soldat.

« En abusant des punitions, on endurcit un régiment, on lui ôte toute noble sensibilité ; on le descend de sa hauteur morale, il n'y remonte plus. Ne perdons jamais de vue ces conseils de De Brack. »

Pendant presque tout le temps que Van Remoortere a commandé le 1er de chasseurs les escadrons étaient à peu près au complet ; on en comptait sept, plus un dépôt, soit un millier d'hommes sous les armes. Le régiment formait un corps solide, compact et étroitement uni par le sentiment de l'honneur et la pratique d'une discipline vigoureuse, mais paternelle. Les punitions graves y étaient exceptionnelles : c'est à peine s'il s'en trouve quelques unes pour cause d'insubordination. Honneur à ce régiment et gloire à son chef !

Nous faisons suivre ce chapitre du libellé de quelques punitions ; on reconnaîtra en même temps que le style nerveux, imagé et hardi de Van Remoortere, les sentiments généreux d'un homme de bien, la sévérité et la douceur d'un vrai moraliste, la sage fermeté, la logique et le bon sens d'une saine philosophie.

PUNITIONS INFLIGÉES AUX BRIGADIERS ET CHASSEURS.

« Le brigadier M... est cassé de son grade et mis à la queue de l'escadron pour s'être enivré d'une manière ignoble étant de garde aux avant-postes.

« De tels hommes ne peuvent que déshonorer l'uniforme et compromettre la dignité du régiment ; ils se dégradent moralement et physiquement.

« Chasseurs, le service des avant-postes, est un service de confiance et d'honneur. Là, plus qu'ailleurs, un soldat doit s'observer et être sobre. J'espère que je n'aurai plus lieu de devoir le répéter. »

« Le chasseur D... ayant maltraité son cheval, sera puni de 4 jours de cachot et immédiatement démonté. En cas de départ pour entrer en campagne, ce mauvais cavalier sera renvoyé au dépôt du corps. »

« Le chasseur H... sera puni de 8 jours de prison pour avoir échangé son vieux schako contre un neuf appartenant à une recrue. Je préviens le régiment qu'à l'avenir j'envisagerai comme voleur celui qui se rendrait coupable d'une pareille faute, et je le traduirai de ce chef devant un conseil de guerre. »

« Les chasseurs V... et L... seront démontés pour s'être enivrés au point de ne pouvoir monter à cheval.

« Je préviens le régiment que tous ceux qui en feraient autant subiront la même peine. Le soldat ne sait-il pas qu'un homme qui oublie à ce point le respect qu'il se doit à lui-même porte le désordre et la déconsidération dans nos rangs? Il n'y a plus rien à espérer du malheureux qui se livre à cette passion ; le régiment, la famille et la patrie lui deviennent également indifférents. Comment pouvoir encore compter sur lui lorsque la trompette du combat sonnera? »

———

« Le chasseur N... est puni de 4 jours de cachot pour avoir injurié et frappé la femme de son hôte.

« A l'honneur du régiment, c'est la première fois que j'ai à réprimer un acte de sauvagerie de ce genre. Celui qui s'en est rendu coupable a commis une lâcheté insigne. Qui frappe une femme n'est pas un homme ; au jour du danger il tremblera devant l'ennemi !

« Autant par devoir que par humanité le soldat protége et respecte tout ce qui est faible : femme, enfant, vieillard ; en agissant autrement il se déshonore. »

———

« Une punition de 8 jours de prison est infligée au chasseur J... pour s'être enivré au point de ne pouvoir mettre le pied à l'étrier au moment de changer de cantonnement.

« Afin de mettre une fin à des faits qui déshonorent le soldat et portent atteinte à la réputation du régiment, je préviens, une fois pour toutes, que les sous-officiers, brigadiers et chasseurs que je trouverais en état d'ivresse seront les premiers suspendus de leurs fonctions pendant un mois et les autres privés d'avancement et de toute faveur pendant six mois. Il m'est trop pénible de voir des hommes revêtus de notre uniforme donner lieu à un scandale public. »

« Le brigadier H... est suspendu de son grade pendant trois mois, pour ne pas avoir usé de son autorité en temps utile, pour empêcher le chasseur J... de s'enivrer en sa présence.

« A ce propos, je rappelle au régiment que tous nous sommes solidaires de l'honneur du corps. Les hommes qui ont le plus de raison doivent employer leur influence et empêcher leurs camarades, plus faibles, de commettre des fautes de cette nature. »

———

« Le chasseur T... est puni de 8 jours de salle de police pour avoir grossièrement tourné en ridicule un de ses camarades qui voulait remplir ses devoirs religieux.

« Mon expérience m'a prouvé qu'un soldat qui craint Dieu ne redoute jamais la mort sur le champ de bataille.

« Que de pareils faits ne se reproduisent plus, sinon je sévirai plus rigoureusement envers les coupables. »

———

« Le chasseur K... sera puni de 4 jours de prison pour avoir maltraité le bourgeois chez lequel il était logé.

« Je ne conçois pas comment des soldats qui ont leurs propres concitoyens pour hôtes peuvent se porter à des actes qui ne seraient pas permis chez des sauvages. Il faut que tout sentiment de dignité soit éteint en eux. »

———

« Je fais connaître au chasseur V... qui vient de demander le rapport, que je n'ajoute plus foi à ses promesses de revenir à de meilleurs sentiments et que vu sa mauvaise conduite persistante, je le regarde comme indigne de servir plus longtemps au régiment. En conséquence il sera proposé pour passer à la compagnie de discipline. »

———

« Le chasseur J... sera puni de 4 jours de cachot pour (en retournant de porter une dépêche) s'être arrêté longtemps devant un cabaret ; ce qui a été cause d'un refroidissement pour son cheval, entré à l'infirmerie.

« Que les chasseurs y prennent garde, les chevaux qui subissent des arrêts en transpiration sont, par ce fait, exposés aux maladies les plus dangereuses. A ce sujet, je rappelle que tout cheval rentrant à l'écurie, le poil mouillé, doit être bouchonné avec soin et qu'il importe d'éviter les courants d'air pendant cette opération. »

« Chaque fois que j'ai parlé de devoir ou d'honneur au régiment, j'ai constaté que j'étais compris et que je laissais des échos dans les cœurs. Pourquoi, chasseurs, le brigadier P..., est-il resté sourd à la voix de votre chef? Ce matin même, il s'est enivré et a injurié son maréchal-des-logis : à dater de ce jour, je lui retire les galons qu'il a souillés. »

PUNITIONS INFLIGÉES AUX SOUS-OFFICIERS.

« C'est avec un plaisir indicible que je m'empresse de faire connaître
à tous que le roi vient de me témoigner sa vive satisfaction sur
l'excellent état de mes chevaux, sur l'attitude vraiment militaire de
mes chasseurs et sur la manière brillante dont mon régiment a
manœuvré et défilé.

« Une seule plainte m'est parvenue : le maréchal-des-logis R.... en
est l'objet. Si ce n'était par considération pour sa bonne conduite
antérieure, je l'eusse suspendu de ses fontions. Je suis étonné à bon
droit qu'un vieux soldat comme lui ait pu s'oublier dans une telle
circonstance. Le reproche que je lui fais ici sera pour lui, j'en suis
certain, une punition assez sévère ; je ne lui en inflige pas d'autre. »

« Le maréchal-des-logis J... sera puni de 14 jours de prison
militaire pour avoir violé ses arrêts. Je vois avec peine le nom de ce
sous-officier figurer à chaque instant sur le rapport, ce qui me prouve
qu'il devient incorrigible. Je le préviens que s'il commet encore une
faute grave, je me verrai dans la dure nécessité de le punir beaucoup
plus sévèrement. »

« J'ai appris avec autant de peine que de surprise que deux ou trois
jeunes sous-officiers du régiment s'adonnaient au jeu. Je les avertis

que s'ils enfreignent encore les ordres que j'ai donnés à cet égard, je
sévirai rigoureusement contre eux. Partout et toujours un sous-
officier, digne de ce nom, doit donner le bon exemple. Rien de plus
fatal que le jeu, il fait faire les plus mauvaises connaissances, entraîne
irrésistiblement celui qui en a la passion à contracter des dettes et
conduit finalement au déshonneur. Quoi ! ce serait pour en arriver là
que des parents respectables m'auraient confié leurs enfants ! Cette
douleur me sera épargnée, je l'espère, et les sous-officiers dont il est
ici question sauront apprécier toute la justesse et la vérité de mes
paroles ; ils auront à cœur de ne pas compromettre leur dignité et leur
avenir. Pour cette fois je me contente de les rappeler à l'ordre. »

—

« Le maréchal-des-logis B.... était un brillant sous-officier ; une
conduite indigne n'a pas tardé à ternir sa réputation ; il sera cassé de
son grade.

« C'était un soldat fier de revêtir l'uniforme, de porter des armes,
de monter un cheval de combat; son cœur, autrefois, battait à la vue
de l'étendard ; aujourd'hui tout lui est devenu indifférent, il est inca-
pable d'éprouver encore un noble sentiment !

« Chasseurs, c'est en s'adonnant à l'ivresse que l'ex maréchal-des-
logis B.... en est arrivé là ! »

—

« Le maréchal-des-logis fourrier K.... sera puni de 4 jours de
cachot pour avoir été de nouveau trouvé dans un estaminet buvant
avec des inférieurs. Si pareil fait se renouvelle encore je lui ôterai
ses galons. Jamais je ne permettrai que le beau et honorable grade de
sous-officier soit déconsidéré dans mon régiment. Tous mes efforts
tendront à le relever aux yeux de chacun et à lui conserver le prestige
dont il est digne à tant d'égards. »

—

« Il est inconcevable qu'un sous-officier qui par son grade, son
instruction et son aptitude est chaque jour à la veille de porter

l'épaulette puisse être assez ennemi de lui-même pour méconnaître et fouler aux pieds son avenir.

« Le maréchal-des-logis V... se trouve dans ce cas, je m'en suis assuré par la lecture de son extrait de punitions : sur la demande de son capitaine commandant, ce sous-officier sera cassé de son grade pour son inconduite habituelle et en dernier lieu pour s'être enivré d'une façon scandaleuse. »

—

« Le maréchal-des-logis C... qui par sa bonne conduite antérieure et son instruction avait obtenu le grade de sous-officier, se comportant depuis quelque temps d'une façon irrégulière et répréhensible sera privé aujourd'hui de ce grade. Je l'engage beaucoup, dans son intérêt, à adopter un genre de vie plus militaire et plus digne des galons de brigadier que je veux bien lui laisser. »

—

« Le fourrier J... subira une punition de trois semaines de consigne pour avoir cherché à tromper la bonne foi de son capitaine en lui faisant signer un bon de pain majoré de 20 rations.

« Si je ne considérais la jeunesse de ce sous-officier et le désespoir qu'une peine aussi sévère occasionnerait à sa respectable famille, je le casserais impitoyablement. Que cette leçon lui profite ! Il ne suffit pas d'être un soldat instruit, intelligent et même brave, avant tout il faut être un honnête homme. »

PUNITIONS INFLIGÉES AUX OFFICIERS.

A chacun selon ses œuvres.
(L'Evangile.)

« Le capitaine X... sera puni de 8 jours de prison militaire pour s'être enivré dans un lieu public et avoir tenu une conduite indigne d'un officier.

« Il subira sa punition au dépôt. »

Comme on le voit, à cette époque, les punitions encourues par les officiers figuraient à l'ordre du régiment, surtout quand les faits qui leur étaient reprochés avaient eu pour témoins le public ou des militaires du corps.

Ce systême avait son bon et son mauvais côté. Certes, il devait jeter une certaine déconsidération sur le corps d'officiers en général, et, en particulier, sur celui qui avait mérité la punition ; mais, d'autre part, il est hors de doute que ce mode de procéder prenait sa source dans cette justice distributive qui récompense ou sévit sans distinction de rang ou de grade, et que par conséquent, à ce point de vue, il ne devait pas porter atteinte à la discipline.

D'ailleurs, les cas de l'espèce étaient excessivement rares au 1er de chasseurs, et cela se conçoit : c'était être doublement puni que de l'être de la sorte : la poignante humiliation de voir son nom figurer à l'ordre, après avoir failli, surpassait la punition elle-même.

Nous tenons de source certaine que lorsque le capitaine X... vint lui faire la visite réglementaire le colonel Van Remoortere lui tint le langage suivant :

« Capitaine, plus que personne je déplore la faute grave que vous venez de commettre ; mais, vous le savez, jamais je ne transige avec mon devoir et encore moins avec ma conscience. Il fallait un exemple de juste sévérité et je n'ai pas hésité une seconde à le donner. Il est évident, qu'après une punition de ce genre, je suis obligé, à mon grand regret, de vous rayer du tableau d'avancement. Mais ne vous découragez point. Vous êtes jeune, tout peut être réparé.

« Vous vous rappellerez que vous appartenez à une famille dans laquelle les sentiments d'honneur, de loyauté et de délicatesse sont de tradition et que noblesse oblige. Votre profond repentir me prouve que vous avez du cœur. Dès ce moment je veux oublier une faute que vos larmes sincères achèvent d'expier ; promettez-moi de ne plus y tomber et je vous donne ma parole de vieux soldat que votre avancement ne sera retardé que d'un an. »

Quel noble, quel paternel langage ! Dans cette sévérité toute romaine, quelle véritable affection pour ses subordonnés, comme il lui en coûte, on le sent, de reprendre le capitaine X... ! Avec quel tact, avec quelle délicatesse, après avoir attribué la faute de cet officier à un moment d'oubli et d'exaltation, Van Remoortere fait ressortir ses qualités et le rappelle à ses devoirs !

Profondément ému le capitaine X.... prit l'engagement solennel de ne plus compromettre ni la dignité de son grade, ni son avenir.

Il tint sa promesse et, comme toujours, Van Remoortere tint loyalement la sienne : quatre ans plus tard le capitaine X... était nommé major au régiment même et la cavalerie belge conservait dans ses rangs un officier supérieur d'une rare distinction.

C'est ainsi que Van Remoortere punissait l'officier qui avait commis une grande faute : en chef bon et intègre qui comprend ses devoirs, comme un père à son fils, il lui ouvrait les yeux et lui faisait voir *tout aussitôt* les conséquences qu'un moment d'oubli pouvait entraîner pour l'avenir ; après avoir puni il s'attachait à réhabiliter devant lui-même celui qu'il avait dû humilier malgré lui et ne le quittait jamais sans des paroles d'affection et d'encouragement....

Inutile après cela de dire que Van Remoortere, lorsqu'il s'agissait d'infliger une punition grave à un officier, ou de le rayer du tableau d'avancement, c'est-à-dire briser sa carrière, anéantir son avenir, ne se décidait à cette dure nécessité qu'après avoir entendu l'officier intéressé et avoir procédé avec calme et circonspection à une enquête minutieuse des faits qui lui étaient imputés. Pouvait-il manquer à ce principe élémentaire de justice et de loyauté ?

Non, non il ne connut jamais cette odieuse tactique qui consiste à laisser croire à un officier qu'il est dans la bonne voie, qu'il peut espérer de l'avancement, tandis que l'on est décidé à le sacrifier à l'intrigue, à la calomnie ou à la haine... Quelle stupeur, quel triste réveil pour l'officier auquel le moniteur apprend brusquement qu'il est dépassé ! L'amer dégoût, le découragement, le désespoir s'emparent de lui, et puis quelle perspective au jour de la retraite, le besoin peut-être l'y attend !...

Van Remoortere avait trop de cœur pour ne pas comprendre qu'un chef doit punir et récompenser ses subordonnés au grand jour, à la face de tous[1]. Ah ! si tous les chefs agissaient de la sorte que de fautes seraient prévenues, que d'injustices et de malheurs évités !

---

[1] Dans notre travail sur le mode d'avancement dans l'armée belge, nous reviendrons en temps et lieu, sur ce sujet.

RÉCOMPENSES.

Si l'émulation n'est pas la source des faveurs et des récompenses, tout s'abâtardit, et mille maux naissent d'un principe qui devait produire les effets les plus heureux. C'est ainsi qu'une source pure, qu'on arrête dans son cours, et dont les eaux sont gênées, ne forme plus bientôt qu'un marais infecté où il ne croit plus que des plantes inutiles et souvent malfaisantes.

(*Un observateur.*)

Nous avons fini avec les punitions infligées par Van Remoortere aux officiers, sous-officiers et chasseurs de son régiment. Si grand que soit l'intérêt que le style du colonel donne à ce sujet ingrat, il n'en est pas moins vrai que le cœur souffre en constatant que dans tout corps, si bien constitué et discipliné qu'il puisse être, il y aura toujours quelques hommes pervers, rebelles, insensibles à l'honneur, enclins aux vices, auxquels, dans l'espoir de les ramener au bien, on est obligé d'appliquer sans pitié, mais toujours avec justice et discernement, les peines les plus sévères.

Oui, elle était amère et véritable la douleur que Van Remoortere éprouvait quand il lui fallait réprimander ou sévir, mais d'autre part, — compensation exquise pour une âme d'élite comme la sienne ! — bien douce et large était la satisfaction, dès que la plus petite circonstance s'offrait à lui de faire l'éloge de la belle conduite de son régiment ou de faire ressortir des actes de dévouement ou des traits d'honneur posés par ses cavaliers.

Nous le verrons dans ce chapitre, Van Remoortere avait une très-haute opinion du sentiment d'abnégation et de patriotisme, de la pratique du devoir et du bons sens qui constituent le fond de notre caractère national ; c'est dans ces qualités viriles qu'il puisait ses moyens d'action et son prestige ; ce sont encore ces qualités, dont il était lui-même l'exemple vivant, qui inspiraient sa mâle éloquence.

Rendre le soldat heureux des services qu'il rend ou a rendus, était un but qu'il poursuivait sans relâche ; n'était-ce pas aussi le meilleur moyen de stimuler le désir d'en rendre encore? Ah! que cette vérité n'est-elle mieux comprise et pratiquée dans l'armée !

Comment Van Remoortere récompensait-il ceux qui avaient mérité sa bienveillance toute particulière? Par des moyens que tout officier peut mettre en usage. Avant tout il était esclave de sa parole. Il appuyait chaudement ses propositions d'avancement ou de faveur ; il se donnait la peine de relancer ministre et généraux quand elles étaient retardées ou rejetées. Il savait bien que le soldat ne désire pas de récompenses matérielles [1] : une citation à l'ordre du jour, un éloge fait devant la troupe, un sourire d'approbation, un encouragement cordial ou une loyale poignée de main, voilà qu'elle était la monnaie de guerre de Van Remoortere ; elle lui rapportait cent pour cent ; il n'en est pas de meilleure pour un soldat.

« Le chasseur Charlier, promu chevalier de l'ordre de Léopold pour ses beaux antécédents militaires, est nommé brigadier au 2e escadron. J'invite son capitaine commandant à me le proposer à la première

---

[1] Les Romains, dit Cabrera, avaient mis en usage les couronnes d'herbes, de bois vert et les anneaux de fer, pour exclure la récompense mercenaire ; en séparant le vil profit d'avec la gloire, ils gravaient avec le burin de l'honneur l'amour des vertus viriles dans le cœur.

place vacante de maréchal-des-logis, si toutefois, comme je n'en doute pas, sa conduite continue à être exemplaire. »

—

« L'instruction des recrues nécessitant l'envoi au dépôt de quelques sous-officiers et brigadiers appartenant aux escadrons de guerre, j'ai fait le choix suivant : (*Suivent les noms.*)

« Que ces militaires se gardent bien d'envisager cette mesure comme une disgrâce ; au contraire, elle doit être considérée comme une marque d'aptitude et de distinction. Je leur promets que ni leurs intérêts, ni leur avancement n'en souffriront d'atteinte. Ils continueront à compter dans les escadrons de guerre ; et quand nos jeunes miliciens, qu'ils sont chargés d'instruire, seront capables d'entrer en campagne, ils rejoindront le régiment ayant acquis de nouveaux titres à notre estime et à notre gratitude. »

—

« Le général inspecteur de Brias, m'ayant témoigné sa vive satisfaction sur tout ce qui est relatif au régiment et en particulier sur l'excellent état de nos chevaux, j'engage chacun, en ce qui le concerne, à continuer à apporter le même zèle et le même dévouement dans le service, afin de conserver la haute opinion que ce général s'est formée de notre régiment ; j'ai la certitude qu'à sa prochaine inspection il pourra se persuader qu'on a pris note des quelques observations qu'il nous a faites. »

—

« Pendant l'incendie qui a éclaté hier dans le cantonnement, le chasseur Pers, au péril de ses jours, a arraché un vieillard à une mort certaine au milieu des flammes. Je m'empresse de le féliciter sur son beau dévouement, et je le nomme brigadier ; il jouira d'un congé de quinze jours pour lui permettre d'aller revoir ses vieux parents qui seront heureux d'apprendre comment il a mérité ses galons.

« Je l'informe en outre que je rends compte aux autorités supérieures de sa belle conduite et j'espère qu'avant peu le gouvernement lui accordera la médaille de dévouement. »

―――

« Je suis fier et heureux de pouvoir de nouveau témoigner ma pleine et entière satisfaction sur la tenue remarquable et vraiment militaire qui distinguait hier le régiment à la revue de Leurs Majestés le Roi et la Reine. Quand je me suis approché de notre bon souverain : *« colonel, m'a-t-il dit, plus je vois votre beau régiment, plus je l'admire et plus je l'aime. »* Ces paroles m'ont comblé de joie. Je suis persuadé, chasseurs, que comme moi vous en apprécierez toute la valeur.

« En souvenir de cette heureuse journée, je lève toutes les punitions. »

―――

« Le rapport que je viens de recevoir du commandant du 3e escadron établissant que la conduite antérieure tenue par le chasseur Gilbart, avant la faute qu'il a commise dernièrement, a toujours été celle d'un bon soldat, de plus ce chasseur ayant été acquitté par le conseil d'enquête et m'ayant juré de ne plus retomber dans la même faute, je porte à la connaissance du régiment que je lui ai fait reprendre son cheval, ainsi que son rang parmi ses camarades. »

―――

« Sous tous les rapports, m'a dit le général de Wauthier, votre régiment n'a rien laissé à désirer à la manœuvre et à la revue de ce jour. Je remercie vivement le régiment pour l'éloge flatteur que m'ont valu aujourd'hui sa belle tenue, son aspect martial et la perfection avec laquelle il a manœuvré. »

―――

« J'ai constaté avec un vrai plaisir que la classe de milice récemment instruite et disciplinée au dépôt est animée d'un excellent esprit militaire, que les hommes ont une bonne attitude à cheval et qu'ils conduisent bien leur monture. J'en félicite le capitaine instructeur et les officiers du dépôt. Je n'en doute pas, nos jeunes camarades imiteront leurs anciens, si un jour j'ai le bonheur de les conduire à l'ennemi. »

« Le chasseur Pardoens ayant prêté main forte à un gendarme pour arrêter un bandit qui venait de commettre un assassinat, je le nomme brigadier.

« Je complimente cet homme sur le courage et la présence d'esprit dont il a fait preuve en cette circonstance. »

» Je témoigne au régiment ma vive satisfaction de la conduite digne et militaire qu'il a tenue dans les divers cantonnements. Nous avons prouvé par nos égards pour nos compatriotes et notre respect pour la propriété que nous méritions le nom de belges ; aussi ai-je appris avec fierté par les autorités communales que les habitants nous voyaient partir à regret.

« Nous allons rentrer en garnison pour un mois ou six semaines, je me plais à croire que les chasseurs continueront à mériter les mêmes éloges. Nous emploierons ce peu de temps au service des tirailleurs et aux marches en bataille qui laissent encore à désirer. »

« A la prise d'armes de cette nuit, le régiment a été le premier rendu sur le front de bandière ; pas un de mes chasseurs ne manquait à l'appel et leur paquetage était celui de guerre.

« J'en félicite hautement le régiment.

« La vigilance et la célérité doivent être à l'ordre du jour dans la cavalerie légère. Je suis persuadé que jamais l'ennemi n'infligera au 1er de chasseurs la honte d'une surprise. »

« Une lettre que je viens de recevoir de M. le bourgmestre de Malines me témoigne sa profonde gratitude pour les services actifs et dévoués que les chasseurs du régiment ont rendus, lors de l'incendie qui a éclaté dans cette ville. « La conduite de vos braves soldats, m'écrit le bourgmestre, a été au-dessus de tout éloge et c'est évidemment grâce à leur courageux et intelligent concours que la ville n'a pas plus de pertes à déplorer. »

« Chasseurs, je suis fier de vous commander ; recevez mes félicitations et mes remerciements avec ceux du premier magistrat de la ville. Je n'en doute aucunement le dévouement dont vous venez de donner un nouveau et si brillant témoignage sera apprécié par tous les habitants et resserrera les liens d'estime et d'affection qui existent déjà entre eux et nous.

« Ce dévouement ne fait que confirmer l'opinion que j'ai toujours eue du régiment, et je suis persuadé que nous braverions le feu de l'ennemi avec bien plus d'entrain encore que celui de l'incendie. »

———

« Je ne puis passer sous silence l'excellente tenue et la conduite exemplaire du régiment pendant les étapes que nous venons de faire ; trois ou quatre chevaux seulement étaient blessés à notre arrivée au camp, aussi je m'empresse de transmettre à tous l'expression de mon vif contentement ainsi que celui des généraux Hurel et Goethals; ils ont admiré le bon ordre, la tenue martiale et la discipline de notre beau régiment.

« J'espère, que tous, nous redoublerons de zèle pour continuer à mériter de semblables éloges. »

———

« C'est avec joie que je porte à la connaissance du régiment que la demande que j'ai faite au roi en faveur d'anciens et braves militaires que je désirais si vivement voir récompenser de leurs bons et loyaux services, vient d'être prise en considération : S. M. par arrêté du 8 août 1836 a nommé chevaliers de son

ordre les maréchaux-des-logis Vilain (1), Folie et Gustove et le brigadier Lombart. »

———

« M. le major Morel venant de m'adresser un rapport des plus
flatteurs sur la conduite toute militaire et patriotique tenue par les
chasseurs de sa division pendant leur séjour à la frontière, je me fais
un devoir d'exprimer à ces derniers tout le bonheur que j'en ai
ressenti. Je les invite à persévérer dans cette voie qui ne peut
que les mener vers un noble but. »

———

« Le général Duvivier m'a chargé d'une mission on ne peut plus
agréable pour moi, celle de transmettre sa satisfaction sur la bonne
tenue et l'aspect militaire du régiment ; il a admiré nos chevaux, la
régularité du paquetage, et l'entrain vigoureux avec lequel les
principales évolutions ont été exécutées. L'approbation pleine et
entière d'un chef aussi digne et aussi compétent, je me hâte de le dire,
m'a été droit au cœur. »

———

« Au nom du régiment, je félicite le chasseur Delsin, du 1er escadron,
sur la belle conduite qu'il a tenue dans plusieurs occasions et notam-
ment hier lorsque, se jetant à l'eau tout habillé, il a sauvé l'homme

———

(1) Le maréchal-des-logis Vilain était le facteur du régiment ; c'est à son
souvenir que nous sommes redevables de l'une de nos meilleures chansons ;
nous en extrayons le couplet suivant :

> Conscrits, moi j'ai, naguères,
> Servi Napoléon.
> En ces temps là vos pères
> S'acquirent du renom.
> Je n'en veux pas démordre,
> Encore bien souvent
> J'espère apporter l'ordre
> De marcher en avant !
>
> Ah ! vite ouvrez la porte
> Au brave et vieux facteur,
> Si jamais il apporte
> Ce message d'honneur !....

et le cheval qui étaient tombés dans la Dyle ; je suis heureux de le nommer brigadier. »

———

« Je remarque avec un vif plaisir que le nom du chasseur Van-laere, dont la conduite laissait beaucoup à désirer, ne figure plus depuis trois mois en regard d'un libellé de punitions. Le sentiment de l'honneur s'est réveillé en lui ; il fait preuve d'énergie et de caractère. Je l'engage à persévérer dans cette voie en lui rendant mon estime. »

———

« Il m'est on ne peut plus agréable de communiquer au régiment une nouvelle preuve de la satisfaction royale. Le général De Marneffe me transmet la copie de la lettre suivante émanent du chef d'état-major de l'armée :

« Quartier général à Ostende, 9 Août 1834.

« Monsieur le général,

« Le roi me charge de témoigner sa profonde satisfaction aux
« troupes sous votre commandement que S. M. a passées en revue
« le 5 de ce mois ; sur le bon esprit qui les anime, leur excellente
« discipline, leur belle tenue et leur.instruction. C'est toujours avec
« un nouveau plaisir, M. le général, que je transmets de pareils
« ordres de la part du roi, et je vous prie de vouloir les porter à la
« connaissance du 1er régiment de chasseurs à cheval en faisant
« mettre ma lettre à l'ordre du jour.

« Le général chef de l'état-major général

« (Signé) BARON HUREL. »

« Ai-je besoin d'ajouter que les éloges bien mérités adressés de la part de S. M. à notre brave régiment sont pour moi un juste sujet d'orgueil ? »

———

« Chasseurs,

« Le régiment vient de recevoir l'ordre de se rendre à la frontière.

« Trouvant mon bonheur à vivre au milieu du régiment et par

conséquent en contact fréquent avec chacun de vous, j'ai pu apprécier les nobles sentiments qui font battre vos cœurs. Je n'ignore point que votre plus ardent désir serait de croiser vos sabres avec ceux de l'ennemi. Chasseurs, puissions-nous enfin vous conduire au champ d'honneur, si, comme tout le fait présager, la Belgique nous y appelle bientôt pour la défense de ses droits et de sa liberté ! »

ADIEUX DE VAN REMOORTERE A SON RÉGIMENT.

« Officiers, sous-officiers et chasseurs.

« Le Roi vient de m'élever au grade de général de brigade et de me confier le commandement de la 2e brigade de cavalerie légère.

« Chasseurs, je vous remercie des efforts constants que vous avez mis à me seconder dans ma tâche pendant les dix heureuses années que j'ai passées au milieu de vous ; vous ne m'avez jamais procuré que de la satisfaction ; j'étais fier de vous commander!... Malgré la marque de haute distinction qui vient de lui être accordée, votre colonel vous quitte à regret : il avait espéré pouvoir vous conduire sur le champ de l'honneur où vous vous seriez couverts de gloire !

« Je remets le commandement du régiment au lieutenant-colonel De Deken, brave et ancien militaire de l'empire. Sous sa direction vous continuerez à marcher noblement dans la voie du devoir, à mériter l'estime de vos chefs et de vos compatriotes.

« Votre nouveau colonel, chasseurs, sera comme moi votre ami le plus dévoué à vos intérêts, à vos succès, à l'honneur du régiment ! J'espère que comme moi aussi il aura lieu de se louer de vous.

« Chasseurs, loin de vous je resterai cet ami dévoué : si l'occasion se présentait de vous être utile, n'oubliez pas votre ancien colonel.

« (Signé) Van Remoortere. »

LES CAMPS ET LA PRATIQUE RELIGIEUSE.

Au milieu d'un champ de carnage
Où les Romains, les Huns, vainquirent autrefois,
J'ai vu Jésus triomphant sur la Croix ;
Le temps avait respecté son image.
Il règne en paix depuis des siècles là,
Où Rome un jour, s'était cruo immortelle,
Où, comme un ouragan disparut Attila ;
La Croix seule est restée, oui, la mort a peur d'elle?
Fragment. — A. DAUFRESNE.
Tongres, 5 février 1848.

Sous Napoléon 1er alors que l'infatigable épée du grand capitaine avait transformé l'Europe en une immense arène, le soldat songeait moins à se vaincre soi-même qu'à remporter d'éclatantes victoires sur les ennemis qu'il avait à combattre. Les longues guerres, l'histoire l'atteste, ne sont point favorables à l'esprit religieux des individus et des peuples. La voix du tonnerre des batailles ne porte guère à la méditation et à la prière ceux qui l'entendent de près ; l'on oublie plutôt la religion qu'on ne l'observe au milieu des combats. Les miracles des armes accomplis par le génie du héros conquérant fascinaient la jeunesse qui se précipitait sur ses pas.

Cependant, un fond de religion qui s'alimentait au souvenir du foyer paternel demeurait comme une sauve-garde dans ces cœurs passionnés pour la gloire militaire et presqu'uniquement occupés du salut de la patrie. Si à cause de ces luttes incessantes et gigantesques, beaucoup de ces vaillants soldats négligeaient les pratiques extérieures du culte ils n'avaient cependant pas oublié tout à fait le Dieu véritable des armées.

Les preuves abondent; citons-en quelques unes :

« Je me rappelle mon père, bon et respectable magistrat. Jamais il ne prêchait que par ses bonnes œuvres et sa dévotion n'était que l'Evangile mis en action. Quelques mois après que nous avons eu le malheur de le perdre j'ai trouvé dans son secrétaire un chapelet; je l'ai religieusement conservé ; je ne le dis pas encore, mais je le regarde, je le touche et je pleure... L'espoir de revoir mon père dans un séjour de bonheur est la base de ma croyance. Je n'ai jamais eu de grande tentation pour le mal, mais si j'en avais eu j'aurais été arrêté par cette pensée : mon père me regarde!

« *Général* LAMARQUE. »

« N'oublions jamais, mes chers enfants, cet Etre suprême qui régit l'univers avec tant de sagesse. Je vous l'ai dit cent fois : on ne peut être honnête homme sans religion. Il vous souvient, n'est-ce pas, de cette vieille Bible que votre aïeul m'a léguée? Elle ne m'a jamais quitté. Ce livre nous a porté bonheur. J'aime à vous le déclarer de nouveau, jamais, ni dans la guerre ni dans la paix, je n'ai laissé passer un jour sans demander à Dieu d'avoir pitié de l'âme de mon père et de nous aider à marcher sur ses traces.

« *Lettre du capitaine* DE LA CHEVALERIE *à ses fils.* »

« Sans être trop dévôt en pratiques religieuses, chaque soldat tient en réserve dans le fond de son âme un souvenir de l'enfance chrétienne. Sa mémoire lui redit quelque phrase de la prière apprise sur les genoux de sa mère ; de son bouquet de communion il garde une fleur fanée, mais immortelle. Il fait son oraison debout, en déchirant sa cartouche, en croisant sa bayonnette, sans remuer les lèvres, quelquefois sans le savoir par ce seul cri de blessé : Ah! mon Dieu! Il tombe en invoquant Dieu.

« Dieu entend cet appel. Il a vu le mouvement des lèvres, il a deviné la pensée. Dieu, dit l'Ecriture, entend la fleur s'ouvrir et il distingue dans les bois le dernier souffle de l'oiseau. Pourquoi ne distinguerait-il pas au milieu du fracas des batailles le dernier souffle du soldat?

« *Général* J. AMBERT. »

Nous sommes de l'avis de l'éminent général Ambert, et nous ajoutons : quand un pauvre soldat, victime de l'ambition d'un conquérant ou martyr de l'amour de la patrie, s'éteint sans gloire dans un sillon inconnu, quelquefois dans d'atroces souffrances, loin de sa famille, de tous ceux qui l'aimaient, oh ! alors, si épaisse que soit autour de lui la poussière des camps ou la fumée des batailles, le regard de son âme implorant le Dieu de son adolescence, nous osons le croire, rencontre bientôt le regard du Dieu de miséricorde qui lui accorde dans un monde meilleur la récompense de son abnégation et de son loyal sacrifice.

Van Remoortere, nous en sommes persuadé, aurait donné son entière approbation aux citations que nous venons de faire. Car le sentiment religieux s'alliait à celui de l'honneur dans cette âme sensible et fière. Plusieurs des ordres de notre héros portent l'empreinte du caractère chrétien : quelle morale forte et saine ! Quel amour pour ses semblables ! Quel enthousiasme pour tout ce qui est grand et beau ! Quelle horreur pour tout ce qui est vice, bassesse ou lâcheté !

Ses qualités étaient trop chrétiennes pour qu'il n'aimât point la religion et ses ministres. Il avait fait ses premières études dans un établissement religieux et les principes qu'il y avait reçus ne s'effacèrent jamais de son noble cœur. Devenu père, il voulut que ses enfants allassent puiser la science et l'éducation aux sources pures et fécondes du Christianisme. Sa vie fut d'un brave, sa mort, sur laquelle nous avons recuelli quelques détails, fut d'un véritable chrétien. Quand l'éclair de son regard se fut éteint avec son dernier soupir, c'était quelque chose d'imposant que cette mâle figure immobilisée dans les ombres de la mort, cette héroïque poitrine sur laquelle reposait si bien le Crucifix, symbole de la charité divine!

Soldat, Van Remoortere fut un exemple d'audace et d'abnégation, et n'eut jamais qu'un serment; chef, il a laissé dans l'armée un souvenir impérissable; chrétien il a couronné une vie éminemment utile et noblement remplie par une mort digne de lui. Il est de ceux dont on chérit la mémoire et qu'on aimera retrouver un jour dans la véritable Patrie!

MORT ET FUNÉRAILLES DU GÉNÉRAL.

Les souffrances de Drouot augmentaient. Pour les
supporter, il lui fallait la résignation du chrétien et le
courage du soldat. Enfin, il sentit qu'elles allaient finir :
« J'attends tous les jours la mort, disait-il un soir, et
« puisque telle est la volonté de Dieu, je m'en réjouis;
« car je vais retrouver mon père, ma mère et mon
« empereur. » Ce furent ses dernières paroles.

Biographie du général Drouot par J. AMBERT.

Le général Van Remoortere fut mis à la retraite en 1847.
Il choisit pour résidence la ville de Gand, où il comptait des
parents très-rapprochés et de nombreux amis. L'estime générale et les vives sympathies dont il y était l'objet, étaient pour
lui un adoucissement au regret qu'il éprouvait d'avoir dû déposer
cette épée qu'il se sentait encore la force de tenir haute et ferme
pour la défense de sa patrie.

Pendant la belle saison, Van Remoortere allait souvent visiter
l'hospitalière Maison de Melle et ses pittoresques environs [1]. Il
aimait à s'entretenir avec les anciens professeurs de ce célèbre
établissement. Là, il se recueillait dans le souvenir de ses jeunes

---

[1] Il y eut un combat meurtrier à Melle le 9 juillet 1745 entre les Français
et les Anglais. — Un tableau (n° 506) représentant ce combat existe au Musée
de Versailles.

années, il en savourait de nouveau le charme et cherchait à en ressaisir le parfum lointain.

Doué d'une robuste santé, le général aurait probablement vécu longtemps encore sans un malheureux accident qui le ravit quelque temps après à l'affection de sa famille et de ses nombreux amis. Van Remoortere ne tarda pas à être instruit de la gravité de son mal ; il en reçut la nouvelle avec calme. Pouvait-il en être autrement ? La mort ne lui était-elle pas apparue maintes fois sous les formes les plus menaçantes et dans les circonstances les plus terribles ?

Malgré ses horribles souffrances, le courage du général ne se démentit pas un seul instant. Il consacra ses derniers jours à consoler sa noble épouse et à exhorter ses fils à marcher sur ses traces. Sa mâle résignation trouva un appui naturel dans ses sentiments chrétiens qui furent l'objet de l'admiration du respectable doyen de Saint Bavon, son ami et son confesseur.

Van Remoortere expira le 19 Mars 1853. Ah ! c'était à lui que pouvaient s'adresser ces fières paroles de De Brack : un champ de bataille, au jour d'une victoire, un étendard pris à l'ennemi, étaient le seul tombeau, le seul linceul dignes de lui !

Cette nouvelle, connue aussitôt dans la vaste cité, y causa une douloureuse émotion. Le général y jouissait d'une popularité immense; n'avait-il pas acquis des titres à la reconnaissance nationale ? Oui, la société perd beaucoup en perdant de tels hommes ! Comment remplacer ces types de vaillance et d'honneur, ces officiers d'élite, ces guerriers illustres, ces chefs doués d'aussi nobles qualités et qui par leur caractère sympathique et leur bonté d'âme répandent autour d'eux tant de sérénité, tant de bienveillance et qui, jusque dans leur retraite, inspirent le vif désir de bien faire et sont regardés comme un modèle à suivre?......

L'enterrement du général eut lieu le 22 Mars au milieu d'une foule immense et recueillie, dans laquelle se faisait remarquer la

société des anciens frères d'armes de l'empire. Toute la garnison
était sous les armes ; des drapeaux aux couleurs belges et françaises ornaient le catafalque. Le convoi funèbre se rendit à Saint-
Amand, où un monument rappelant les principaux faits d'armes
du défunt venait d'être élevé.

Le digne président de la société des frères d'armes de l'empire,
M. Vanderhaegen-Maya, les généraux Clump, Coussement et Deys
prononcèrent des discours qui impressionnèrent vivement la foule.

Le général Coussement, après avoir esquissé à longs traits la
vie militaire de son brave collègue, ajouta d'une voix émue :

« Faut-il encore, Messieurs, que je vous parle de l'aménité, de la
bonté de son caractère, de sa noble franchise, de sa loyauté, de ses
vertus privées?

« Faut-il que je vous dise qu'il fut un ami sincère et dévoué, un
excellent père et le modèle des époux?

« Mais, Messieurs, ce que je vous dirais à cet égard est dans toutes
les bouches, et je ne pourrais que vous répéter l'éloge que la ville de
Gand tout entière a proclamé lorsqu'elle a appris la douloureuse
nouvelle de la mort de notre digne et respectable ami.

« Il est temps, Messieurs, que je m'arrête, l'émotion et la douleur
que je vois peintes sur tous les visages me commandent de terminer.

« Toutefois, avant que la terre recouvre ce cercueil, permettez,
Messieurs, qu'à ces restes inanimés, j'adresse une dernière parole.

« Mon cher Van Remoortere, toi, dont la vie fut une longue suite
de dévouement et de constante pratique de toutes les qualités militaires, qui jamais n'a dévié de la voie de l'honneur, tu jouis déjà, en
ce moment, de la récompense que l'Éternel réserve à ceux qui, ici-bas,
ont, comme toi, fait le bien en travaillant au bonheur de leurs
semblables.

« Au revoir, le meilleur des amis, dont la vie de soldat brave et
dévoué a été un noble exemple qui ne sera pas perdu pour tes deux
fils ni pour l'armée ! »

Le général Deys s'est exprimé en ces termes :

« Officiers et soldats,

« Celui que nos regrets accompagnent aujourd'hui à sa dernière demeure était un des rares et glorieux restes de cette pléïade de héros qui illustrèrent le commencement de ce siècle, un de ces hommes de fer qui semblaient avoir acquis l'immortalité à force de braver la mort.

« A Dieu ne plaise que j'essaie de retracer ici le tableau de ces campagnes rapides et immenses où il suivit à travers l'Europe, l'armée gigantesque du plus grand capitaine des temps modernes, de ces batailles fameuses auxquelles Van Remoortere eut le bonheur de s'associer, et dont chacune suffirait à l'illustration d'une époque.

« La gloire de Van Remoortere, au milieu de tant de gloires, son titre à la reconnaissance de la patrie, est d'avoir rendu le nom des Belges respectable et brillant, même parmi ces immortelles phalanges dans les exploits desquels leurs exploits semblent devoir se confondre.

« Brave entre les braves, il conquit bon nombre de ses grades à la pointe de son épée et paya d'un sang généreux la croix d'honneur qui lui fut décernée sur le champ de bataille.

« Toutes les armes parurent sur lui exercer leur puissance ; mais la mort le respecta d'autant plus qu'il semblait moins se soucier d'elle.

« Après avoir servi une nation grande et forte, il lui était réservé, bonheur plus grand, de servir une patrie indépendante et libre.

« Cependant après les longues années de paix qui suivirent les temps de l'empire, on vit Van Remoortere conserver le caractère que ces temps homériques lui avaient imprimé. Bon, franc, loyal, inflexible gardien de la discipline mais plein d'une fraternité indulgente pour le soldat des rangs desquels il s'était élevé, il cachait sous une certaine brusquerie de forme, et, si je puis le dire ainsi, sous la rude écorce des camps un cœur profondément aimant et sensible.

« Tel fut, Messieurs, le compagnon que nous venons de perdre, et dont la mémoire restera toujours sacrée parmi nous.

« Brave Van Remoortere ! mon cœur en te voyant dans cette tombe,

ne peut se défendre d'une vive émotion, mais les adieux de ton compagnon d'armes, de celui qui eut le bonheur de partager quelques-uns
de tes périls et à qui ta perte rappelle tant d'autres pertes, seront dignes
de toi ! Reçois mon serment, reçois le serment de tes deux fils et de
tous ceux qui entourent tes restes que si notre patrie bien-aimée nous
appelle un jour à sa défense aucun de nous ne faillira à son devoir et
à l'exemple que tu nous a tracé !

« Et maintenant adieu, cher Van Remoortere, toi dont l'âme si digne
et si vaillante a si bien mérité de reposer dans le sein de l'Éternel. »

Nous extrayons un passage du discours de M. Vanderhaeghe-
Maya :

« Être éternel et immuable, dont la puissance remplit l'immensité,
tu as créé tous les hommes avec une intelligence propre à adorer ta
puissance infinie, tu les as créés avec une âme immortelle et s'ils ont
observé les lois de la religion et de l'humanité, cette âme, par celle de
ton essence divine, sera reçue dans ton sein paternel.

« Les décrets de cette divine Providence, par leur immensité même
échappent à nos sens. J'engage mes frères d'armes à adresser à Dieu
une fervente prière, afin qu'il daigne admettre le brave et digne général
Van Remoortere au nombre de ses élus. »

Avions-nous tort de dire, dans le chapitre précédent, que le
sentiment religieux est inné dans l'âme d'un vrai soldat? Les
éloquents discours que nous venons de reproduire seraient-ils
empreints de ce cachet de conviction, de mâle énergie et de noble
franchise qui les distinguent si la croyance en la paternelle puissance de Dieu et en l'immortalité de l'âme n'y étaient exprimées?...

Ces vaillants soldats avaient trop souvent bravé la mort pour
redouter le respect humain. Dans ces actes spontanés d'une foi
sincère nous voyons, pour leurs descendants, un enseignement
qu'ils feraient bien de méditer.

Ici finit la tâche que nous nous sommes imposée ; notre but en
rappelant à l'armée les qualités guerrières, les nombreux titres

du général Van Remoortere à son éternelle reconnaissance a été de le présenter comme un modèle à suivre, comme un type des plus distingués du colonel de cavalerie. Notre mobile est de nous rendre utile à cette arme, que nous avons tant aimée et à laquelle nous resterons dévoué corps et âme. Si cette étude modeste et consciencieuse a pu exciter l'intérêt du lecteur, nous lui dirons simplement au revoir : armé des grands principes de nos pères, nous souvenant des nobles enseignements du capitaine De la Chevalerie et du général Van Remoortere, nous remettrons le pied à l'étrier et, de nouveau, nous marcherons résolument en avant, car nous nous sentons la force nécessaire pour reprendre la défense des véritables intérêts de la cavalerie qui se trouvent dans les traditions glorieuses de nos aînés, et non dans les puériles innovations de nos jours.

Cependant, nous craignons que notre tâche n'ait été au-dessus de nos forces. On le comprendra, en nous séparant de Van Remoortere nous ressentons quelque chose d'analogue à ce que nous éprouvions chaque fois qu'il nous fallait, jadis, nous éloigner de notre père vénéré. Nous nous demandons avec émotion, en terminant cette biographie, si notre vieux colonel en eut été satisfait ?... Ah! qu'il serait doux pour nous de croire qu'un lien divin rattache les âmes des morts aux cœurs qui leur sont restés dévoués, et vous permet à vous, mon général, de lire dans le mien ce que ces pages n'ont pu rendre que bien faiblement !

FIN.

TABLE DES MATIÈRES.

www.ingramcontent.com/pod-product-compliance
Ingram Content Group UK Ltd.
Pitfield, Milton Keynes, MK11 3LW, UK
UKHW022344090726
13658UKWH00001B/453

9 782019 958206